Lb $\frac{48}{1748}$

DE LA LOI

DES ÉLECTIONS

DE 1820.

Une nouvelle loi d'élections régit aujourd'hui la France. Une expérience de trois années avait convaincu le Gouvernement qu'une grande partie des Electeurs connaissait trop bien celle du 5 février 1817. Aussi des motifs, auxquels, et pour cause, les ministres donnent le nom de *raisons d'état*, ont-ils engagé les administrateurs de notre bien-être à en promulguer une que personne ne connaîtrait encore; car, en politique comme en algèbre, on procède du connu à l'inconnu.

Le connu, c'était la résolution bien prononcée qu'avait prise l'opinion de n'envoyer à la représentation nationale que des hommes indépendans par leur fortune, inébranlables par caractère, incorruptibles par goût. Et tout le monde sent bien que c'est avec des travers et des déterminations erronées de ce genre que se perdent les états! L'inconnu, c'était le résultat éventuel que produirait la nou-

1

velle combinaisou imaginée, résultat que l'on espé-
rait devoir être moins alarmant que les précé-
dens. Et tout le monde sent bien encore que, dans
un danger aussi imminent, la reconnaissance publique doit savoir gré aux ministres de n'avoir pas
désespéré de la patrie !

Ferons-nous une chose agréable à ces ministres,
en présentant quelques réflexions sur cette loi, à
ceux de nos concitoyens que leurs occupations habituelles auraient privés de la faculté de suivre avec
exactitude les débats lumineux au milieu desquels
elle a pris naissance, et les raisons victorieuses par
lesquelles elle a été combattue ? C'est ce dont nous
ne nous occupons guère. Ferons-nous une chose
utile à nos concitoyens électeurs ? C'est cet espoir
qui nous a fait prendre la plume.

Une loi d'élections n'est, en dernière analyse, que
la fixation d'un mode régulier de manifester l'opinion.

Il serait donc dès-lors aussi erroné de croire
qu'une loi d'élections forme l'opinion, que de penser que l'opinion dicte toujours une loi d'élections.

Cependant il ne faut pas prendre ces paroles trop
à la lettre. Cette pensée a donc besoin de quelques développemens.

Il n'est pas vrai qu'une loi d'élections forme
l'opinion ; cela est incontestable. Elle ne peut que
la suivre, et non lui commander ; et c'est en cela
que se tromperont toujours les gouvernemens qui,
méconnaissant l'état de l'opinion telle qu'elle est,
et s'aveuglant à dessein sur les conséquences naturelles qui en découlent, s'imagineront que l'opi
nion est une masse inerte disposée à se plier à

toutes les impulsions de leurs caprices, et à se resserrer dans le cadre étroit de leurs petites vues et de leurs petits intérêts. L'opinion est un fait, et non abstraction. C'est, si l'on veut, un être moral, mais un être moral dont tous les élémens sont actifs, vivans, énergiques, prêts à une immédiate application de la force impulsive qui les anime, Ainsi, au lieu de s'opiniâtrer à nier le fait, il vau- drait beaucoup mieux le reconnaître de bonne grâce, s'attacher à l'étudier, et s'en rendre mathématique- ment compte. Un gouvernement s'éviterait par ce moyen le désagrément de mâcher à vide, jusqu'au moment où il sent qu'il va lui-même être dévoré tout vif; et dès-lors aussi il serait toujours à temps de se dire : « Mais je n'aperçois que je suis de trop » ici. Il est prudent de m'ôter de là. »

Voilà, va-t-on s'écrier, des idées bien triviales et bien rebattues. — A la bonne heure. — Cela res- semble beaucoup trop à du bon sens. — J'en con- viens. Que le bon sens soit vulgaire et roturier, je ne le nie pas. Mais ce bon sens pourtant est un habile chimiste. Il dépouille de prime-abord les plans de l'autorité de tous ces faux-fuyans oc- cultes, de toutes ces interprétations forcées, de tous ces germes destructeurs que le pouvoir y dé- pose, jusqu'au moment où l'application les féconde; et, comme souvent il ne laisse voir au fond du creuset que la perfidie ou des élémens délétères, il est facile de concevoir pourquoi les gouverne- mens s'en défient, et pourquoi tant d'honnêtes gens le consultent.

Cette vérité au surplus n'est pas indifférente en elle- même. Elle est féconde en conséquences importantes,

1.

S'il est vrai qu'une loi d'élections ne forme pas l'opinion , il sera donc vrai aussi que l'opinion peut modifier les résultats d'une loi d'élections : et c'est là ce que les gouvernemens savent si bien eux-mêmes , qu'ils mettent tout en œuvre pour influer sur ce résultat : argent , distributions de places , expectatives de faveurs , intrigues , menaces , arrestations , développemens de la force , actes arbitraires , corruptions , flatteries , concessions , déplacemens et destitutions de préfcts , tout paraît bon , tout est légitime , ou du moins légitimé ; et je ne demanderais que ce fait pour prouver la vérité que j'ai avancée. Car par là le Gouvernement ne reconnaît-il pas lui-même tacitement que la puissance de l'opinion n'est pas chimérique , puisqu'il prend tant de moyens pour la combattre ? Et de là je tire ensuite une autre conséquence : c'est que le Gouvernement aura beau faire des combinaisons ingénieuses , des classifications savantes , des catégories spirituelles pour discipliner les intérêts , les fortunes , les idées , les sentimens , les vœux et les affections , il ne parviendra jamais à changer ces affections , ces vœux , ces sentimens , ces idées et ces fortunes. De quelque manière qu'il les divise , sur quelque terrain qu'il les place , il les retrouvera toujours tels qu'ils sont. Les intérêts seront toujours homogènes ; l'impulsion dirigeante , c'est-à-dire , la puissance instinctive qui les fait agir , sera toujours la même. Et la combinaison inventée pourra bien paraître une conception ou une théorie brillante et spécieuse aux yeux des inventeurs , des esprits méditatifs , des intelligences élevées , ou des intéressés ; mais cette combinaison n'aura jamais le résultat qu'on en attend, parce qu'elle se trouvera en dehors ou à côté de la réalité, et qu'en prenant pour point de départ des illusions et des chimères, on n'arrive jamais à un but positif, rigoureusement appréciable ou matériellement numérique.

Descartes, qui raisonnait bien, quand ses tourbillons ne l'entraînaient pas, répétait à qui voulait l'entendre : « Donnez-moi du mouvement et de la matière, et je vous créerai un nouvel univers. » Aujourd'hui les gouvernemens semblent toujours se dire : « Donnez-moi du pouvoir et de l'argent, et je gouvernerai le monde. » C'est, ce me semble, une grande méprise, sur-tout à l'époque actuelle, où il est reconnu que le meilleur gouvernement est celui qui coûte le moins ; où un jour, une nuit, quelques heures, enfantent des révolutions qui viennent à terme ; et où le lendemain, les peuples éveillés et ébahis se disent à l'oreille les uns aux autres : « La mère et l'enfant se portent bien : ainsi qu'avons-nous à risquer ?

Pourquoi la loi du 5 février avait-elle poussé d'aussi profondes racines ? Comment la génération trentenaire des cent écus s'y était-elle rattachée comme à une ancre de salut ? Etait-ce par l'argent que le Gouvernement avait fait répandre ? Etait-ce par le zèle qu'il avait mis à la prôner ? Etait-ce par les places ou pensions qu'il avait distribuées à ceux qui la défendaient ? Etait-ce par la paternelle sollicitude avec laquelle il l'avait interprétée ? Etait-ce par les bienveillantes recommandations qu'il envoyait à ses agens pour la faire exécuter ? Eh ! non sans doute : car, à ce que dit l'histoire, l'emploi de l'argent, des recommandations, des places, des interprétations,

dés sollicitudes, annonçait au contraire que le Gouvernement semblait reculer devant son propre ouvrage, et qu'il s'est plus d'une fois repenti d'avoir
été pris au mot.... Mais c'était parce que cette loi,
quoiqu'imparfaite, avait rencontré le plus approxi-
mativement possible l'état présent de l'opinion ; parce
que la base sur laquelle elle était établie, quoique
encore trop étroite, était la plus large que pût com-
porter l'état alors existant des choses ; parce qu'elle
répondait d'une manière satisfesante au plus grand
nombre de demandes, et résolvait par là le plus
grand nombre de problèmes sociaux ; parce qu'elle
comprenait dans ses dispositions la grande majorité
des intérêts ; parce que ceux des intérêts qui s'en
trouvaient exclus, se résignaient sans peine à une
exclusion qui n'avait rien d'offensant, puisqu'elle
laissait une libre carrière au développement progressif des intelligences et des industries ; parce que
son principe originel, sa racine fondamentale, était
l'*égalité politique* et l'*élection directe ;* que les garanties exigées par elle, presque entièrement composées
d'élémens matériels, les contributions foncière, mobilière et industrielle, n'avaient rien de choquant
ni de mortifiant pour les amours-propres ; parce
qu'enfin elle fesait pressentir que la représentation
qui serait son ouvrage, deviendrait l'image la plus
fidelle de l'opinion ; en un mot, parce qu'elle per-
mettait à l'opinion de se manifester avec le plus
de liberté. Ce qui prouve jusqu'à l'évidence que
l'opinion ne s'était pas attachée à la loi du 5 février, parce que cette loi avait formé l'opinion,
mais uniquement parce que cette loi, en consultant
l'opinion, lui avait présenté le mode le plus en

harmonie avec ses besoins, la voie la plus franche et la plus nationale de se faire connaître.

On voit donc clairement par là que, toutes les fois que l'on présente à l'opinion un cadre qui lui convient, l'opinion s'en empare avec avidité et se l'approprie ; mais il est facile de voir aussi que, lors même que ce cadre serait ou irrégulier ou trop étroit, l'opinion, avec la conscience de sa force, peut parvenir à l'agrandir ou à le régulariser.

Ce résultat nous amène tout naturellement à la discussion de la seconde proposition que nous avons établie, savoir qu'il n'est pas vrai que l'opinion dicte toujours une loi d'élections.

Sans doute, si les hommes étaient des anges qu'une main créatrice pourrait façonner à volonté, si les peuples étaient des gâteaux de cire, sur lesquels le souffle de la puissance organisatrice pourrait disposer, combiner et agir comme sur une table rase, il serait facile de concevoir un ordre de choses dans lequel l'action de l'opinion sur la représentation nationale, et la réaction de la représentation nationale sur l'opinion, seraient d'une régularité telle que, dès l'instant où la représentation nationale s'écarterait de l'état actuel de l'opinion, l'opinion ferait connaître sa puissance et sa volonté par le renouvellement de la représentation nationale.

Mais malheureusement les sociétés actuelles ne sont ni des réunions d'êtres séraphiques, ni des gâteaux de cire. Il faut prendre les hommes tels qu'ils sont ; il faut ensuite agir sur les hommes tels qu'on les a faits, ou tels qu'on les a voulus. Les institutions désirables ne se rencontrent jamais formées ·

de toutes pièces ; et il faut bien se résigner à ne travailler qu'avec des élémens existans.

Or, dans l'état présent des choses, il est bien vrai que l'opinion est de beaucoup plus avancée que les gouvernemens qui veulent la diriger ; il est bien vrai que les mineurs que l'autorité paternelle veut prendre sous sa tutelle, sont des mineurs émancipés; il est bien vrai que les gouvernemens ne suivent que de loin l'opinion qu'ils voudraient faire rester en arrière. On sait tout cela. Mais il est vrai aussi que les gouvernemens sont des puissances redoutables, par cela seul qu'ils sont gouvernemens ; que leur influence est telle que l'on se trouve forcé de traiter ou de négocier avec eux ; qu'étant des faits positifs, par conséquent entêtés, qui témoignent par eux-mêmes de leur existence sans certificat de vie, il faut dès-lors et de toute nécessité faire entrer cette existence pour beaucoup dans la balance politique, et s'étonner moins de la déviation ou de la violation des principes, lorsque c'est à des faits opiniâtres que l'on s'adresse.

Ainsi il ne serait donc par vrai de dire, comme on pourrait sans cela l'avancer absolument et théoriquement parlant, que l'opinion dicte toujours une loi d'élections. Car on pourrait toujours aussi opposer avec avantage à ce système, comme argument irrépliquable, le fait matériel du contraire ; et contre un fait il n'y a pas toujours de réponse préparée.

On conçoit bien, par exemple, qu'une représentation nationale qui aurait été puisée aux véritables sources de l'opinion, et qui l'exprimerait d'une manière assez exacte pour n'en être que l'écho, ou, si l'on veut nous passer le mot, pour n'en

être que la silhouette ; qu'une représentation qui
dessinerait les diverses nuances qui s'y rencontrent avec assez de vérité pour ne laisser à cha-
cune d'elles que son influence réelle, et non pour
attribuer à une fraction, aux dépens d'une autre,
une prépondérance qu'elle n'a ni ne peut avoir ;
on conçoit, disons-nous, qu'une représentation
créée et agissant sur ces bases pourrait bien émettre et promulguer une loi d'élections qui devrait être
envisagée comme le vœu le plus en harmonie avec
l'opinion elle-même. On pourrait bien dire alors
que la représentation n'étant que l'image fidelle
de l'opinion, la représentation n'a refleté dans la
loi des élections que l'image qu'elle en avait re-
çue. Mais en sommes-nous là ?... La demande pa-
raîtra peut-être indiscrète. En sommes-nous là ?...
On nous dispensera bien sans doute de tracer le
contraste ou le parallèle. Dès-lors ce que nous
avons avancé n'est pas un paradoxe ; et l'on voudra
bien tenir pour constant que l'opinion ne dicte pas
plus une loi d'élections dans l'état présent des
choses, qu'une loi d'élections ne forme l'opinion.

Ces principes posés, et il faudrait demander grâce
pour des théories aussi claires et aussi triviales,
si, comme nous le disions d'abord, la vulgarité du
bon sens ne déplaisait pas tant aux créateurs de
doctrines ; ces principes posés, tâchons d'en faire
l'application à la nouvelle loi qui nous régit.

Dira-t-on que cette loi est l'expression la plus
exacte du vœu de l'opinion ? Pour cela, examinons
et les circonstances qui l'ont vue naître, et celles
qui l'ont précédée.

Sans remonter plus haut que l'émission de la

loi du 5 février 1817 , il est incontestable que cette
dernière loi fut envisagée , à l'époque où elle parut ,
comme le seul moyen terme à prendre entre l'exagération trop ardente des souvenirs et l'exagération
peut-être tout aussi active des espérances. Elle apparut comme un remède habilement trouvé pour
contre-balancer ces deux élémens extrêmes , en re-
tranchant d'une part de la représentation nationale
les têtes dont l'exaltation avait une tendance trop
rétrograde , et en n'amenant d'un autre côté sur
les bancs de la Chambre que des hommes d'opinions libérales , mais inhostiles , chez lesquels l'espoir de se recruter annuellement, au moyen du renouvellement paisible par cinquième , enlevait, ou
du moins tempérait ce que leur amour pour la
liberté leur aurait laissé d'énergie trop véhémente ,
d'impatience trop prononcée , ou d'amertume trop
offensive.

Les deux premiers cinquièmes justifièrent en partie
les espérances des amis de la liberté ; et nos an-
nales législatives conserveront toujours avec reconnaissance le souvenir de la session qui donna à la
France les deux lois du *recrutement* et de la *liberté de la presse.* Tout annonçait donc que les
cinquièmes qui restaient à renouveler , achéveraient
l'œuvre déjà si glorieusement commencée par les
premiers.

Mais malheureusement l'alarme était déjà dans
le camp ennemi. Déjà la session de 1818 avait entendu proférer des menaces meurtrières contre
l'existence de la loi qui avait produit ces résultats.
Dès cette époque , des réformateurs imprudens
avaient soumis leurs plans à la délibération des

Chambres ; et s'ils les retirèrent peu de temps après, c'est qu'ils furent effrayés par l'élan spontané de l'opinion publique , qui , soutenue de la liberté de la presse , enfant nouveau-né d'une loi si violemment attaquée, repoussa avec indignation toute espèce de changement, toute apparence même d'amélioration.

Il est facile de s'apercevoir que, dès cette époque , les rôles étaient changés de part et d'autre. Les combattans des deux armées avaient repris toute leur animosité et toute leur aigreur : les uns poussés par le sentiment de leur propre conservation, à leur yeux dangereusement menacée ; les autres enhardis par le développement progressif de leurs forces , par la presque certitude de les voir bientôt considérablement augmenter encore , et par la manifestation non équivoque de l'opinion publique en leur faveur.

Le renouvellement du troisième cinquième , il fant le dire, se ressentit peut-être dans quelques choix de cet esprit d'animosité, ou de cet instinct de la victoire. Mais cette animosité n'était-elle pas bien naturelle , et l'attaque ne provoqua-t-elle pas toujours la défense et la résistance ?

A l'apparition de ce troisième cinquième , le camp opposé fut frappé d'un coup de foudre. La *nullité politique* apparut comme un spectre aux champions des souvenirs. Dès-lors la mort de la loi du 5 février fut jurée, et avec elle la perte des institutions qu'elle avait fait naître.

Il faut en convenir ; car , lorsqu'on raisonne , il faut, le plus que l'on peut , être de bonne foi : en admettant que l'élément oligarchique soit un élément politique en France , et que dès-lors il

doive être représenté , supposition qui , aux yeux de
l'aristocratie , est nécessairement admissible ; il faut
convenir , disons-nous , que le renouvellement par
cinquième , d'après les principes de la loi du 5
février , compromettait évidemment son existence ,
et que , les cinq séries une fois épuisées, les bancs
des hommes à priviléges fussent restés singulièrement clair-semés. Mais , si nous avons la bonne foi
de reconnaître dans ces hommes l'impulsion instinctive de la conservation qui leur a fait jeter le
cri de détresse , et si nous trouvons que leurs alarmes étaient naturelles et fondées , il faut d'un
autre côté se demander si, pour une fraction de la
nation que l'opinion écarte ou repousse , il est
prudent, il est politique, il est juste de bouleverser
annuellement toutes les institutions fondamentales.
Il faut se demander si l'exclusion de cette fraction
par l'opinion, n'est pas au contraire la meilleure
preuve qu'elle ne forme plus qu'un élément politique réprouvé, ou en trop petit nombre pour devoir être de quelque influence dans la balance représentative. Il faudra se demander sur-tout si c'est
bien un parti important en France , un parti avec
lequel il soit nécessaire de composer , un parti
pour lequel il faille annuellement façonner et mu-
tiler les lois , que celui en faveur duquel toutes
les combinaisons électorales ont déjà été épuisées ;
et cela , sans qu'il soit jamais parvenu à acquérir un
ascendant qu'il ne peut se créer de lui-même, et qu'il
n'a pu obtenir que dans une opération électorale
dont l'exécution a été protégée par 300,000 baïon-
nettes étrangères, et garantie par le système avilis-
sant des adjonctions impériales.

Quoi qu'il en soit, le cri d'alarme fut entendu du Gouvernement, et des projets de réformation furent fabriqués à la hâte. Un événement que toute la France a déploré, en accéléra encore l'apparition, et lui servit même de prétexte.

La France répondit aux réformateurs, comme elle avait fait précédemment, par des protestations, des adresses et des larmes. Mais cette fois ses vœux ne furent pas écoutés, et une loi d'élections saturée d'aristocratie et de priviléges menaça de succéder à la loi égale et civique du 5 février.

C'est sur ce terrain que s'engagea l'une des luttes les plus glorieuses dont fassent mention les fastes des gouvernemens représentatifs. Tout ce que la révolution a développé de principes généreux, tout ce qu'elle a appris sur les droits des peuples et les devoirs des gouvernemens, tout ce que peut inspirer de plus pur et de plus énergique l'amour de la patrie et des institutions établies, tout fut proclamé du haut de cette tribune à laquelle l'attention de la France et celle de l'Europe furent pendant plus d'un mois enchaînées. Déjà les accens qui en descendaient pénétraient dans tous les rangs de la société ; déjà l'effervescence des esprits était au comble ; déjà l'impétuosité des cœurs français était près d'éclater, et, l'impulsion une fois donnée, aucun pouvoir humain n'aurait peut-être pu en arrêter les conséquences, lorsque la crainte de l'opinion, l'effroi des résultats d'une tentative que les ministres n'avaient peut-être faite que pour éprouver jusqu'où pouvait aller la patience nationale, amenèrent le précieux quart-d'heure de la réflexion, et donnèrent naissance à la loi actuelle.

Cette loi, comme on le voit, a donc pris naissance au milieu d'inquiétudes et de défiances vi-
sibles, au sein d'orages menaçans, de troubles déjà
animés, et peut-être se ressent-elle un peu de son
origine. Le Gouvernement l'a donnée comme une
loi conciliatrice, comme un rapprochement, une
transaction (1) entre les résultats présumables de la
loi du 5 février qu'il croyait devoir redouter, et
les résultats déjà trop vraisemblables qu'aurait pro-
duits la loi aristocratique proposée, résultats qui
l'auraient ébranlé et infailliblement englouti; de
telle sorte que la loi actuelle, soit dit sans l'offenser,
est apparue comme une bâtarde de la loi du 5
février, mais comme une bâtarde qui a conservé
un air de famille.

Il ne faut donc pas s'abandonner à cette idée,
malheureusement déjà trop enracinée dans beaucoup
de bons esprits, qui, sains d'ailleurs, ne voient
souvent l'état des choses qu'à travers le prisme de
leurs désirs, que, parce que la France n'a pu conserver dans son intégrité la loi du 5 février, tout
est désormais perdu, que la contre-révolution est
imminente, et que la liberté est ajournée à jamais.

Il n'est douloureusement que trop vrai qu'en
France on se laisse facilement et presque machi-
nalement aller à ces accès périodiques d'engoue-
ment et de défiance, d'enthousiasme et de découragement. Les têtes semblent s'y renverser et s'y
replacer dans un clin-d'œil. On y oublie les mal-

(1) V. le disc. de M. Boin dans la séance du 7 juin.

heurs passés et les remèdes qui y ont mis un terme, comme on y oublierait un éclair ou un coup de tonnerre. On semble s'y aveugler tout exprès sur les expériences acquises ; et les Français sont si modestes qu'ils ne veulent tenir aucun compte, ni des lumières qu'on leur connaît, ni de l'énergie dont ils ont donné tant de preuves, ni de la résignation dont toute l'Europe a été témoin, ni du courage dans les circonstances critiques qui leur a valu l'admiration des peuples civilisés, ni des succès éclatans qu'ils ont obtenus dans les luttes de la liberté politique.

Non, tout n'est pas perdu, parce que la France n'a plus la loi du 5 février.

Non, la contre-révolution n'est pas aux portes, parce qu'il y a en France des colléges de département.

Non, la liberté n'est pas reculée à jamais, parce qu'il y a de *grands* et de *petits* électeurs.

Les choses ne sont pas dans les mots, et les mots ne font rien aux choses. Avec du patriotisme, du zèle, de l'intelligence et de la bonne volonté, on vient à bout de tout, même d'une loi d'élections défectueuse. Mais pour cela il ne faut pas de dépit se créer soi-même des obstacles, improviser des difficultés, se forger des entraves, ou bouder contre ses propres intérêts, regarder enfin comme au-dessous de soi de tirer le meilleur parti possible d'un état de choses qui peut être déplorable, mais dont les conditions sont données et par conséquent invariables. Ce serait bien gratuitement et sur-tout bien impolitiquement prêter à l'ennemi un flanc désarmé ; car on semblerait par là lui dire : « Nous ne voulons plus vaincre , parce que dans une autre circonstance nous n'avons pas *assez bien* vaincu. »

Uu examen plus approfondi de la loi du 29 juin nous aura bientôt fait sentir qu'il n'y a pas lieu à tant de découragement.

J'ai dit que cette loi avait conservé un air de famille ; et voici comment.

Elle a maintenu ce principe qui à lui seul rectifierait jusqu'à un certain point tous ses autres vices, ce principe précieux de *l'élection directe* que la loi du 5 février consacrait , et dont tous les gouvernemens qui s'étaient succédé en France depuis 1789 avaient si bien senti la populaire influence, qu'ils y avaient apporté plus ou moins de modifications, soit par le système des élections à deux degrés, soit par celui des candidatures, soit par celui des adjonctions. Le maintien de ce principe a été envisagé comme un bienfait par l'auteur même de l'amendement qui a produit la loi actuelle. Car il disait dans la séance du 7 juin : « L'amendement maintient *l'élection directe , seul interprète sincère de l'opinion publique , premier garant de la vérité de toute représentation , unique source d'une confiance qu'il importe de concilier à la chambre élective*, surtout dans l'intérêt de la Couronne et du Gouvernement. » Par l'élection directe , l'opinion publique une fois exprimée échappe à la révision d'un collége supérieur. Elle parle en maître, elle parle en souveraine. Seulement , soit qu'elle ait à s'applaudir des choix qu'elle a faits , soit qu'elle ait à s'en repentir , le bien est irrévocable, comme le mal est sans remède, pendant tout le temps de la durée des mandats. Il lui importe donc de prendre de prime-abord une heureuse direction, de bien concerter ses vues, de déjouer les intrigues de la malveillance, de fixer ses choix à l'avance, afin d'avoir le temps de les discuter et de n'apporter dans l'urne que le résultat épuré de toutes les réflexions présentées, de tous les renseignemens fournis, de toutes les lumières recueillies sur l'homme qu'elle élève à la députation.

Mais, si ce principe a été consacré, l'exécution en a été modifiée par la création de deux espèces de colléges, *les colléges d'arrondissement,* auxquels on a confié la nomination de 258 députés, et *les colléges de département,* auxquels on a accordé le droit d'en élire 172. Au premier abord, cette organisation peut paraître contraire aux intérêts de la liberté, comme elle est effectivement subversive de tous les principes. Cependant, en y réfléchissant plus mûrement, on se convainc aisément que, si elle a des inconvéniens, elle a aussi quelques avantages.

Depuis long-temps on éprouvait en France le besoin d'une représentation plus nombreuse. Il paraissait en effet extraordinaire qu'une nation de 29 millions d'hommes ne fût représentée que par une chambre de 258 membres, sur-tout quand la chambre des pairs, qui, dans l'organisation originelle des pouvoirs, n'est chargée de défendre qu'une masse d'intérêts bien moins imposante, atteignait déjà presque ce nombre. Cependant, soit par des vues de *haute politique*, qu'il n'entre pas dans notre plan d'expliquer, soit peut-être tout simplement parce qu'il est plus facile d'agir sur une chambre de 250 personnes que sur une assemblée de 5 ou 600, soit peut-être aussi par un respect

2

trop religieux pour l'article 36 (2) de la Charte, l'augmentation de la chambre représentative avait été ajournée ; et la France sait aujourd'hui à quoi s'en tenir sur les ajournemens des mesures législatives qui favoriseraient la liberté. (3) Quoi qu'il en soit, l'occasion de la destruction de la loi du 5 février parut favorable pour opérer ce changement. On sembla se dire, et on voulut faire croire, que, si l'on privait la liberté d'un de ses enfans chéris, il était équitable et naturel de la consoler et de la dédommager par quelque concession. Cependant retenons encore pour un moment notre reconnaissance ; car cette réflexion n'a pour elle de paternel que l'apparence, ainsi qu'on va bientôt le voir.

Sans doute, si la loi, telle qu'on nous l'a faite, n'avait été conçue par le Gouvernement que dans l'intention de dissoudre *intégralement* la chambre, et d'en convoquer une autre d'après les nouvelles bases établies, on pourrait, jusqu'à un certain point, ne voir dans la modification de la loi du 5 février qu'une mesure, sinon bienveillante, du moins peu alarmante, puisque, après tout, il peut toujours être

_____

(2) Cet article porte : « Chaque département aura le même nombre de députés qu'il a eu jusqu'à présent. » Comme, depuis 1789, le nombre des membres de la chambre représentative avait singulièrement varié, on avait pensé que la Charte n'avait pas voulu remonter, pour fixer ce nombre, plus haut que le corps législatif de Buonaparte. Mais, a-t-on dit, il est clair que c'était là une pure interprétation : or une interprétation n'a rien d'obligatoire ; et on a profité, lors de la loi qui nous occupe, de l'équivoque ou du vague existant dans la rédaction de l'article, pour lui donner une signification différente.

(3) Par exemple, la responsabilité des ministres.

permis aux gouvernemens d'avoir peur; il peut toujours leur être permis de penser, à tort ou à raison, que l'opinion sera mieux exprimée de telle ou telle manière, que tel mode leur présentera des chances plus favorables; et toutes les fois qu'ils font un nouvel appel à l'opinion, ce n'est pas aux gouvernemens qu'il faut s'en prendre si les députés ne sont pas l'expression de la volonté nationale ; c'est à l'opinion elle-même qui n'a pas entendu son affaire.

Mais on n'a pas tout-à-fait raisonné ainsi ; tranchons le mot, on n'a pas raisonné avec autant de franchise.

On s'est dit, j'entends que les ministres se sont dit : « Nous n'avons dans la chambre actuelle qu'une majorité faible, douteuse, vacillante. Être exposé à des oscillations continuelles, ne pouvoir jamais compter sur ces majorités fixes et compactes sur lesquelles savent si bien s'appuyer nos illustres modèles , les ministres d'Angleterre , majorités que, nous le sentons bien nous-mêmes , nous ne pourrions obtenir qu'en abandonnant aux Français toutes les garanties concédées par la Charte; vivre ainsi politiquement au jour le jour , cette existence-là n'est pas soutenable : autant vaudrait presque ne pas être ministres. Ainsi examinons s'il ne serait pas possible d'imaginer une combinaison qui nous procurât plus de repos , et nous garantît une stabilité moins éphémère.

» Voyons si, en augmentant la chambre, nous n'arriverions pas à ce but. Donnons à des colléges d'arrondissement la nomination de 258 députés. On ne pourra pas se plaindre ; la loi du 5 février n'eût

2.

pas pu en amener davantage. Mais fesons ensuite compléter le surplus, savoir les 172 députés restans, par des colléges de départemènt, dans lesquels des électeurs plus riches, que nous présenterons comme plus sages, nous offriront de meilleures garanties et nous enverront des hommes nouveaux.

« Maintenant calculons.

» Si nous dissolvions intégralement la chambre, nous sentons bien que ce ne serait pas dans les 258 députés que nous enverraient les arrondisse- mens que nous pourrions puiser les élémens de notre majorité. Les 172 que nous députeraient les départemens, en les supposant tous pour notre sy- stème, ce qui souffrirait peut-être quelque diffi- culté, ne suffiraient pas pour contre-balancer cette masse de 258. Ainsi autant vaudrait alors laisser subsister la loi du 5 février. Car le pire qui .pût nous arriver avec cette loi, serait que les deux sé- ries qui restent à renouveler amenassent ici le com- plément des 258 députés libéraux, ou environ ; et de ce jour nous ne serions plus ministres, ce qui serait évidemment une calamité et pour nous, et pour le trône, et pour la nation.

» Mais si, en ne dissolvant pas la chambre, en nous rattachant à la majorité, *telle quelle*, que nous y avons aujourd'hui, nous ne fesons rentrer dans la chambre qu'un des cinquièmes de la loi du 5 février, que nous abandonnerons à la nomi- nation des colléges d'arrondissement, et si nous renforçons notre majorité imperceptible par le flot de 172 nouveaux députés que nous présumons de- voir obtenir par les colléges de département ; dès-lors notre majorité est pour long-temps assurée. Nous

pourrons dès-lors aussi travailler plus à loisir à conso-
lider le bonheur de la France ; nous pourrons opérer
sur une base plus large , avec plus de tranquillité ,
et sur-tout nous aurons devant nous quelques années d'avenir. »

Ce raisonnement parut séduisant , et ce raisonnement engendra la loi actuelle : les deux premiers
articles n'en sont que l'expression , ou plutôt la tra-
duction légale.

Que les ministres maintenant aient bien ou mal
raisonné , qu'ils aient bien ou mal calculé leurs
chances , c'est ce qui importe peu à l'opinion. Mais
ce qui lui importe , c'est que la France ait obtenu
l'augmentation de la chambre représentative , avantage immense , et qui , obtenu à la demande du pouvoir , n'aurait peut-être jamais été accordé à la
prière de la liberté.

C'est maintenant à l'opinion qu'il appartiendra
de prouver si les ministres ont eu des notions exactes
en se figurant que les 172 députés des départemens seraient des instrumens plus dociles à entrer
dans leurs vues que ceux émanant des colléges d'arrondissement ; si le patriotisme en France
se gradue ainsi sur la quotité des contributions ; si
l'amour de la paix , de la stabilité , de la liberté
et des institutions nationales , s'échelonne ainsi sur
les matrices de rôles , et en raison inverse des cotes
qui y sont portées.

Le bienfait existe : n'importe d'où il vient , ni
pourquoi , ni comment il nous arrive. Il faut que
l'opinion en profite , puisque l'opinion est avertie.
Il faut que l'opinion l'exploite , puisque l'opinion
est éclairée.

Les avantages de la loi discutés, examinons-en maintenant les inconvéniens.

On a dit que cette loi établissait une distinction injurieuse entre la *grande* et la *petite* propriété, et qu'elle constituait un privilége en faveur des grands électeurs en leur accordant un *double vote*, celui dans le collége d'arrondissement, comme électeurs de 100 écus, et celui dans le collége de département, comme électeurs plus imposés.

Ces inconvéniens sont graves, et il faut convenir qu'en cela on s'est éloigné des principes d'*égalité* qui avaient dicté la loi du 5 février. Mais ces inconvéniens peuvent-ils avoir une influence inévitablement funeste sur le résultat des élections? Cela ne nous paraît pas démontré.

Nul doute qu'il est inexact de dire, théoriquement parlant, qu'il y ait une *petite*, une *moyenne* et une *grande* propriété. Car comment fixer la limite où finira la petite, et où commenceront la moyenne et la grande? D'abord, la propriété est un droit : or il n'y a ni grand ni petit droit ; ou si l'on veut admettre dans le droit des gradations, il y a dès-lors privilége. Et ensuite tout est relatif, et ce qui formerait la grande propriété dans tel département de la France, ne serait plus que la moyenne ou la petite propriété dans tel autre. Cette base n'est donc pas fixe ; elle ne serait tout au plus que comparative. Ce serait donc un mauvais point de départ.

Il est tout aussi inexact de prétendre que la *petite* propriété est animée d'un esprit entièrement différent de celui de la grande ; que cet esprit est inquiet et turbulent de sa nature, tandis que celui de la grande est sage, paisible et stationnaire. Car enfin la grande, avant d'être grande, a commencé par être petite ; et si le mouvement de la petite est ascendant, celui de la grande, tout en paraissant stationnaire, tend sans cesse, et plus activement peut-être, à l'agrandissement, à la domination, au pouvoir et à l'oppression.

Il est enfin inexact de soutenir que, dans l'application de la loi du 5 février, la grande propriété était opprimée, ou en quelque sorte exclue par la petite, et qu'il était dès-lors urgent de faire une transaction en sa faveur. En effet la grande propriété avait dans les collèges d'alors toute l'influence à laquelle elle pouvait prétendre et qu'elle a voulu s'y attribuer, puisque d'abord l'entrée lui en était ouverte ; puisque ensuite c'était dans la grande propriété que la petite était obligée, de toute nécessité, et par exclusion, d'aller choisir ses mandataires. Et ce serait une grande erreur de croire que, parce que les élections n'ont pas été telles que le Gouvernement aurait pu les désirer, on ne doit voir dans les choix qui ont été faits que l'expression du vœu de la petite propriété; ou que, si la grande propriété eût été plus nombreuse, les choix eussent été différens.

Il est donc facile de s'apercevoir dès-à-présent que dans toutes ces objections on est parti de fausses données; et c'est pour cela que la violation du principe de l'égalité, tout en étant très-regrettable, ne nous paraît pas cependant avoir des inconvéniens sans remède.

Certes, si toutes les *grandes* propriétés étaient encore entre les mains de l'aristocratie, cette loi lui assurerait une prépondérance marquée sur les autres élémens politiques de la société, et créerait en sa faveur un odieux privilége. Car elle aurait à elle seule le droit de se représenter ; et, comme elle constituerait également à elle seule la haute propriété avec ses patronages, ses titres, ses immunités, ses ambitions et ses vasselages, nul doute qu'elle ne fermât bientôt à la petite et à la moyenne, sinon tout accès, au moins toute influence dans la chambre représentative.

Mais heureusement il n'en est pas ainsi.

C'est aujourd'hui un point avéré et reconnu que la révolution a produit une division prodigieuse de la propriété foncière, et il est incontestable que, depuis 1789, le peuple de ce que l'on est convenu d'appeler les *petits propriétaires*, s'est accru dans une progression toujours croissante.

Mais ce peuple des *petits propriétaires* n'a pu composer sa fortune que des biens qui constituaient la propriété des *grands*. Il n'a pu s'élever que sur les ruines et par le démembrement de la *grande propriété*. Le nombre des *grands propriétaires* a donc dû diminuer dans la même proportion.

Or maintenant toute la question est là. Tout le peuple des *petits propriétaires* est-il resté petit propriétaire ? Toutes ces *petites gens* (4) ont-ils suivi les maximes de la loi agraire ? Ou bien au contraire ne s'est-il pas rencontré parmi eux un grand nombre d'individus, qui de *petits* proprié-

---

(4) Honnêtes et laborieux cultivateurs, vous sentez vous-mêmes dans quel sens nous nous servons de ces expressions.

taires sont devenus *moyens* propriétaires, de moyens propriétaires *grands* propriétaires ; et ce nombre n'est-il pas suffisant pour contre-balancer les débris épars du corps des grands propriétaires existans avant 1789 ?

Prenons bien pour constant, d'abord que la propriété foncière, comme toute autre industrie, a l'instinct de l'accumulation ; que par conséquent, tant qu'un propriétaire foncier peut s'arrondir, il acquiert des terres et s'arrondit ; tout comme un capitaliste , tant qu'il peut augmenter ses capitaux , place son argent et capitalise. Mais , pour acquérir et s'arrondir, il faut de l'argent et des capitaux. On n'acquiert de l'argent et des capitaux que par l'activité , le travail , l'industrie , l'économie. Or toutes ces qualités, ou plutôt ces conditions indispensables, se sont rencontrées dans le peuple des petits propriétaires, et ont beaucoup plus rarement été mises en pratique par le corps des grands. L'avantage est donc ici tout entier du côté des petits.

Lors même que l'on accorderait que, sous l'empire , et depuis la restauration , beaucoup de restitutions auraient été faites à de grands propriétaires, émigrés et rentrés ; lors même que l'on admettrait, ce qui n'est pas cependant, que beaucoup de grands propriétaires auraient racheté leurs biens , il serait toujours difficile de penser qu'en général le nombre des grands propriétaires anciens fût aussi considérable ou plus considérable que celui des grands propriétaires nouveaux. Quand les fortunes sont une fois déplacées, il est difficile , il est rare , il est souvent impossible qu'elles rentrent dans les mêmes mains. Le temps seul peut refaire ce que

le temps seul avait produit ; et , il serait miraculeux
que trente années de révolutions eussent suffi pour
recomposer et réédifier des fortunes que des siècles
avaient agglomérées , et qu'il avait suffi du souffle
révolutionnaire pour démembrer et faire disparaître.

Il ne faut pas perdre de vue ensuite, à l'appui de cette
opinion , que depuis long-temps en France , malgré
ces bouleversemens continuels de Gouvernemens
qui en ont sillonné la surface et révolutionné les
mœurs , on a attaché une grande importance au
sol de la patrie ; que beaucoup de riches capitalistes ont placé leurs capitaux en fonds de terre ,
et que par là la valeur des terres a considérablement augmenté. Or ces capitalistes sont des fortunes
créées depuis et pendant la révolution; car , dans
le corps des grands propriétaires anciens , on se
fesait gloire de n'exercer aucune industrie , de se
livrer à une noble oisiveté , et de vivre sur le bien
héréditairement transmis. Voilà donc encore un
renfort pour la grande propriété nouvelle ; voilà
de puissans auxiliaires sur lesquels elle peut compter. Car il n'est pas présumable que ces fortunes
élevées depuis la révolution soient animées du même
esprit que les fortunes anti-révolutionnaires.

Remarquons encore, et ce point est important,
que la propriété foncière, comme toute autre , est
mobile ; que les mutations, quoique s'opérant avec
quelque difficulté , vu les droits énormes dont le
fisc les grève , sont néanmoins et fréquentes et
rapides; qu'aujourd'hui, où chacun met à l'exercice
des droits politiques une importance marquée, importance qui est le fruit du patriotisme et de la
liberté , et que le temps ne fera qu'accroître , cha-

cun achète, au besoin, par des sacrifices les moyens d'exercer ces mêmes droits. Dès-lors, d'un moment à l'autre, il peut arriver que le sol de la grande propriété soit déplacé, et que le Gouvernement la trouve un jour sur le terrain où il ne s'attendait à rencontrer que la fourmilière des petits propriétaires.

On a toujours mauvaise grâce à prophétiser, parce que si la prophétie ne se réalise pas, les gens qui ne parlent qu'après l'événement, et c'est le grand nombre, se moquent de vous et vous prennent pour un songe-creux. Cependant, aux risques de me tromper, je ne craindrais pas d'avancer que l'exécution de la loi actuelle, si tant est qu'elle ait une existence de quelque durée, deviendra une preuve éloquente de l'opinion que je viens d'émettre, et que les administrations seront tout étonnées de voir se dévoiler et s'improviser de toutes parts, à leurs yeux, des fortunes que personne ne soupçonnait. Et en effet cela se conçoit facilement. Sous la loi du 5 février, comme il ne fallait que cent écus pour exercer les droits politiques de l'élection, et qu'avec cent écus on les exerçait dans une tout aussi grande latitude qu'en payant 2,000 fr. de contributions, beaucoup d'électeurs, grands propriétaires nouveaux, qui ne mettaient aucun amour-propre à faire étalage de leur fortune, se sont renfermés dans le strict nécessaire, et n'ont présenté pour se faire inscrire sur les listes que de 350 à 400 fr. d'impôts. Mais aujourd'hui que les conditions sont changées, aujourd'hui que leur premier intérêt est de ne pas laisser le collège de département livré à l'unique et exclusive influence des grands propriétaires anciens, on verra produire peut-être 1,800 à 2,000 fr. de contributions aux mêmes individus qui en 1817 n'en ont accusé que 300 et quelques. Ils grandiront tout-à-coup, ils surgiront de toutes parts, et, titans politiques, vrais enfans de la terre, ils inonderont le collége électoral en enfans de la liberté. Il sera trop tard alors pour les grands propriétaires anciens de reconnaître leur méprise ; il sera trop tard pour eux de se repentir d'avoir, sous la loi du 5 février, rassemblé avec scrupule les moindres élémens de leur fortune, d'avoir pressuré les matrices de rôles pour se donner la petite gloriole de figurer sur la liste des éligibles. Je dis qu'il sera trop tard; parce que ce ne sera qu'alors qu'ils s'apercevront que la base du nouveau système électoral est tout aussi mobile que l'ancienne, qu'elle n'*assure* pas plus l'influence de l'oligarchie que celle de 1817. Ce sera encore une combinaison électorale manquée, et je ne doute pas que de nouvelles alarmes ne provoquent, à la prochaine session, de nouvelles modifications à la loi.

Disons donc encore une fois que les probabilités sont plutôt en faveur de *la grande propriété nouvelle* que de *la grande propriété ancienne,* ou que tout au moins les chances sont égales dans les départemens mêmes où les grands propriétaires anciens sont les plus nombreux.

Ce n'est pas tout : il nous semble que les auteurs de la loi se sont eux-mêmes étrangement abusés, quand ils ont cru que les opinions politiques se modelaient sur la contribution foncière ; que l'énergie patriotique des Français se tempérait à mesure qu'ils s'élevaient sur l'échelle de l'im-

pôt , et qu'arrivés au dernier échelon , ils n'en-
visageaient plus qu'avec indifférence les intérêts et
les destinées du pays.

Cette supposition serait tellement injurieuse, qu'il
est inutile d'y répondre. Si elle pouvait, ce qu'à
Dieu ne plaise, se réaliser , il faudrait désespérer
du salut de la France, il faudrait désespérer de la
liberté. Les élections répondront victorieusement ,
sans doute , à cette base du système ministériel.

Mais une autre réflexion se présente.

Où a-t-on pu voir que la grande propriété nouvelle s'accorderait avec l'ancienne, par cela seul
qu'elle est grande propriété ? Où a-t-on pris que
ses vœux, ses sentimens , ses affections, différaient
essentiellement des opinions alimentaires de la petite ? Où a-t-on pris que la nouvelle pourrait frater-
niser avec l'ancienne, quant aux droits hono-
rifiques , aux priviléges , aux hommages , aux cré-
neaux et aux machicoulis ? Comment s'est-on ima
giné que la lutte dans le grand collége se présen-
terait sous une tout autre face que la lutte dans le
petit ? Comment a-t-on pu croire que les transac-
tions y seraient plus faciles , les concessions plus
nombreuses ? Comment a-t-on pensé que l'ancienne
s'y dessaisirait de ses prétentions , et la nouvelle
de ses droits ? Ce sont là , nous le pensons, de pures
illusions. Tout se passera dans le collége d'en-haut
comme la chose se sera passée dans le collége d'en-
bas. Ce sera également tout ou rien. Si les deux
masses se sont déjà heurtées dans le collége d'arrondissement (pour les départemens qui nommeront avec deux colléges,) si les deux masses y
ont déjà essayé leurs forces, elles lutteront avec le

même acharnement et avec les mêmes armes dans
le collége de département. Le petit collége ne sera,
de cette manière, qu'un théâtre de préparation ou
de répétition pour le grand. Ce dernier présentera les mêmes phases , les mêmes évolutions, les
mêmes manœuvres et des résultats analogues. Tout
doit donc engager les grands propriétaires nouveaux
à unir et à concerter toutes leurs forces , à ne perdre aucun de leurs avantages , sur-tout à ne pas
se diviser par de funestes épurations , misérables
enfans de la défiance, et plus souvent d'intrigues hostiles et cachées. Avec de l'ensemble , ils peuvent
encore espérer plein succès , et prouver que la *grande*
et la *petite* propriété ne sont que de vains mots ;
que la petite a les mêmes intérêts que la grande,
la grande que la petite ; que toutes les deux sont
filles d'une même mère , la révolution ; que toutes
les deux sont françaises, et qu'à ce titre encore elles
sont sœurs.

Enfin, que la nouvelle grande propriété foncière
ne perde pas de vue qu'elle peut compter aujour-
d'hui dans ses rangs, c'est-à-dire comme marchant
avec elle sous les mêmes bannières, toute cette nombreuse et brillante portion de la population nationale ; je veux parler de cette population industrielle,
pour laquelle l'admiration se partage entre la richesse de ses productions et la richesse de ses
lumières. Ne pouvant subsister que par l'abolition
des préjugés , prospérer que par l'affranchissement
de toutes les entraves , fondant ses progrès sur la
marche libre et franche, et sur le développement
graduel de toutes les intelligences , puisant toutes
les ressources de ses merveilles dans la paix et le

crédit , et ne concevant le crédit que dans le maintien de la paix , le commerce est déjà l'un des plus
puissans léviers de la liberté ; il deviendra l'une
de ses plus précieuses garanties. Comment serait-il
donc présumable qu'il pût sympathiser avec les préjugés , les chaînes, le rétrécissement intellectuel dont
se pavane l'antique propriété foncière ? Comment
se façonnerait-il à ses gothiques allures? Comment
consentirait-il à rétrograder ? La chose est hors de
toute vraisemblance. La nouvelle loi, en conservant,
comme celle du 5 février, à l'industrie commerciale
et manufacturière un libre accès dans les colléges
électoraux , a donc elle-même préparé l'entrée de
riches et puissans auxiliaires à la nouvelle propriété
foncière, et recruté pour elle de courageux athlètes.

Encore une fois, sous tous les rapports, les chances sont au moins égales entre la grande propriété
ancienne et la nouvelle. La grande et la petite
sont des dénominations sans conséquence , puisque la petite n'est pas animée d'un autre esprit que
la grande, et que la grande suit les erremens politiques de la petite. La nouvelle loi , sous ce point-
de-vue , n'est donc pas si désespérante.

Examinons maintenant, s'il en est de même du
double vote.

Ce *double vote* est-il un *privilége* proprement
dit ? Nul doute à cet égard.

Il est bien clair qu'un électeur qui a voix dans
deux colléges , a nécessairement plus de droits que
celui qui n'est admis que dans un seul. Or maintenant de deux choses l'une : Ou bien on déduit le
double suffrage de la plus grande propriété foncière ,
c'est-à-dire, qu'on gradue le nombre des suffrages sur

la quotité de l'impôt ; et alors il faudrait , pour qu'il y eût continuité de système , qu'un propriétaire payant 1,200 fr. d'impôts , eût quatre voix dans un collége électoral où un homme qui n'en paie que 300 n'en aurait qu'une. Sans cela il y a inégalité choquante dans le privilége et entre les privilégiés eux-mêmes.

Ou bien le paiement de l'impôt n'est qu'une garantie constitutionnelle de la bonté des choix par l'électeur et des qualités de l'élu ; c'est-à-dire que l'intérêt de l'électeur à l'ordre, à la stabilité , doit croître avec l'impôt. Mais alors cette garantie constitutionnelle une fois fournie , le motif de la suprématie de certains électeurs sur d'autres n'existe plus , et ils doivent tous rentrer dans l'égalité originelle de leurs titres politiques.

La loi ne peut échapper à ce dilemme qui prouve le vice de ses dispositions.

Il y a donc incontestablement privilége, c'est-à-dire, une faveur accordée à une classe d'individus payant une quotité supérieure de l'impôt , exclusivement à une classe payant une quotité moindre. Or c'est cette exclusion même qui forme le caractère essentiel du privilége.

Et que l'on ne dise pas qu'il n'y a pas privilége , par la raison que la loi a procédé ici par voie d'*exclusion*, et non par voie d'*attribution* ; qu'elle n'a pas attribué aux plus imposés le droit de voter dans les deux colléges ; mais qu'elle a simplement exclu du double vote ceux qui ne feraient pas partie des notables imposés ; que la loi n'a fait ici que ce que la Charte avait fait elle-même , en n'admettant à la nomination des députés que les citoyens payant

100 écus, et en excluant ceux placés immédiatement au-dessous d'eux dans l'échelle de l'impôt.

, Ce serait en effet évidemment mal raisonner.

Nulle comparaison d'abord, nulle parité à établir
entre la loi fondamentale et une loi qui n'en doit
être qu'une conséquence ou une application.

Mais, en admettant même la similitude, on n'en
serait guère plus avancé.

Quand la Charte a appelé à la nomination des
députés tous les citoyens payant trois cents francs,
et en a fait des électeurs, elle n'a pas attribué
cette nomination exclusivement à ceux qui paieraient cette somme ; mais elle a déclaré que tous
ceux qui ne la paieraient pas, ne concourraient
pas à la nomination. Que ce point de départ ait été
pris ou trop haut ou trop bas, toujours est-il qu'il
en fallait un : que la garantie imaginée soit bien
ou mal choisie, toujours est-il qu'il était indispensable d'en fixer une. La Charte d'ailleurs n'a exclu
personne ; elle a laissé à chacun la faculté de devenir électeur, et d'arriver à la limite où le pouvoir électoral prenait naissance.

Mais, une fois la base établie ; une fois le cercle
tracé, tout ce qui était compris dans la circonscription électorale devait jouir et jouissait en effet,
à la voix de la Charte, des mêmes droits, ou, si
l'on veut, des mêmes prérogatives. Nulle distinction,
nulle faveur, nulle exclusion, nul vote privilégié
n'établissait de différence entre les électeurs. L'é-
lecteur à 100 écus, judaïquement comptés, por-
tait dans l'urne une boule du même poids que
l'électeur à 30 mille livres de rente. Il y avait donc

parfaite égalité de droits, fraternelle parité de suffrages.

Or c'est cet ordre égal que la nouvelle loi a
modifié. C'est dans ce domaine d'égalité que la
nouvelle loi est entrée de vive force avec le privilége. C'est ce cercle à rayons égaux, qu'elle a
envahi avec des distinctions et des inégalités. En
accordant aux électeurs les plus imposés, c'est-à-
dire, très-élevés au-dessus des 100 écus, un double
suffrage, on a évidemment privé l'électeur de 100écus
d'un vote qu'il aurait eu le droit d'exercer. En effet
la masse électorale des 100 écus était, d'après la
Charte même, le type originel de l'élection; c'était
la grande source, l'abondant réservoir d'où devaient
découler tous les pouvoirs électoraux : 100 écus
étaient le droit commun. La loi, en exigeant plus
de 100 écus pour être grand électeur, a donc créé
dès-lors des *électeurs exceptionnels,* quand il ne
devait y avoir, d'après la Charte, que des *électeurs
ordinaires.* Et si, en passant le *Rubicon* des 100
écus (nous demandons grâce pour l'image), l'aristocratie pouvait craindre qu'on n'entrât sur le terrain
de la démagogie, la population démocratique ne
doit-elle pas redouter à son tour, avec raison, qu'en
créant un *Pactole* inconstitutionnel, on ne la ra-
mène à pleines voiles vers les écueils des priviléges ou la terre promise de la féodalité ?

Reconnaissons donc qu'il y a réellement privilége.
C'est un malheur ; il vaudrait mieux qu'il n'existât
pas : le principe de l'égalité serait sauvé ; et cette
considération est de la plus haute importance. Mais,
d'un autre côté, examinons si ce privilége peut
avoir des conséquences aussi funestes qu'on serait
tenté de le croire au premier abord.

Ici, il peut s'offrir trois combinaisons différentes, dans lesquelles l'influence de la grande propriété aristocratique peut être en lutte ouverte avec celle de la grande propriété roturière.

Dans les départemens qui cette année n'auront qu'un collége de département, le débat s'engagera uniquement entre la grande propriété nouvelle et la grande propriété ancienne. Le résultat de cette lutte dépendra uniquement aussi de la supériorité ou de l'infériorité numérique des forces respectives. Ainsi, dans ces départemens pour cette année, et le nôtre est du nombre, le droit de double suffrage, accordé aux grands propriétaires, n'aura pas un résultat différent de celui qu'il aurait eu, si les deux grandes propriétés s'étaient trouvées en présence dans les colléges d'arrondissement.

Dans ceux qui nommeront avec deux colléges, deux cas pourront se présenter.

Ou bien la grande propriété ancienne se trouvera d'accord avec la nouvelle, et votera avec elle dans les colléges d'arrondissement. Dans ce cas encore, le double vote aura peu d'inconvéniens, puisque les deux grandes propriétés n'auront exercé dans le collége d'arrondissement que l'influence qu'elles y auraient eue sous la forme de petite propriété, comme électeurs de cent écus ; et il n'est pas à présumer qu'elles portent dans le grand collége un esprit différent de celui qui les aura guidées dans le petit. Dans ce cas, le double vote aura même un avantage ; car il donnera à l'opinion un plus grand nombre de représentans.

Ou bien, et c'est le cas qui se présentera le plus ordinairement, la grande propriété nouvelle votera

3.

dans un sens différent de l'ancienne, et ici encore
une distinction : ou bien elle votera avec l'arrondissement , ou elle votera dans un sens différent
et de celui de l'arrondissement et de celui de la grande
propriété ancienne.

Si elle vote avec l'arrondissement , les choix de
l'arrondissement y trouveront une nouvelle garantie
contre l'influence de la grande propriété ancienne.
Car ce sera pour le petit collége un renfort de
voix , un tribut d'alliés *amis*. Dès-lors l'inconvénient du double vote se bornera uniquement à exposer
l'opinion à une nouvelle chance dans le collége de
département; mais cette chance peut encore être favorable. Car, si la grande propriété nouvelle a été
en nombre suffisant pour obtenir un choix libéral
dans le petit collége, la lutte peut s'établir dans le
grand avec les mêmes conditions et la même atti-
tude , et il peut en sortir encore une élection li-
bérale.

Si la grande propriété nouvelle ne vote ni avec
l'arrondissement dans un sens franchement libéral,
ni avec la noblesse dans un sens franchement aristocratique , mais si elle est purement *ministérielle*
dans l'arrondissement, elle n'y aura aucune influence;
car, numériquement parlant, le parti ministériel est
plus faible isolé que chacun des deux autres.

Si, dans ce cas, la grande propriété nouvelle ayant
échoué dans le collége d'en-bas , reporte dans le
collége d'en-haut le même esprit qui l'a animée dans
le collége inférieur, il est certain que , dans ce cas ,
le ministère aura une chance favorable , et le double vote aura ici tout l'inconvénient d'un privilége.
Mais il faut se demander maintenant s'il y aura

beaucoup de ces voix *mi-parties ;* si , dans l'état
actuel de l'opinion , il existera beaucoup de ces suffrages *médiatisés,* qu'on nous passe l'expression ; si
aujourd'hui beaucoup de gens sont encore disposés à
être transfuges , après l'expérience acquise du profit
honorable qui leur en revient ; et si , au contraire , la
grande propriété nouvelle , qui a les mêmes vues ,
les mêmes intérêts , les mêmes racines , le même
esprit et les mêmes espérances que la petite propriété , ne se réunira pas de cœur , ou par calcul ,
avec elle , pour laisser aux bannières politiques leurs
nuances tranchantes , et aux phalanges qui portent
ces bannières l'influence naturelle qu'elles tiennent de leur nombre , de leur énergie et de leurs
lumières.

  On sent à merveille que nous ne raisonnons ici
que sur de simples hypothèses. Mais enfin ces suppositions n'ont rien d'impossible, ni de contraire à
la marche naturelle des opinions et des esprits. Elles
sont même plutôt basées , nous le pensons du moins,
sur des probabilités que sur des invraisemblances,
et elles ont de plus le grand avantage que leur réa-
lisation est désirable et conforme aux vœux des amis
de leur pays et d'une sage liberté.

  Avancerions-nous une thèse trop hardie, en soute-
nant qu'aujourd'hui , dans le cas où le Gouvernement dissoudrait intégralement la chambre, l'opinion est tellement prononcée , que les colléges d'arrondissement feraient plutôt des choix hostiles que
des choix ambigus , et que le Gouvernement serait
peut-être trop heureux de retrouver dans les députés envoyés par les colléges de département, auxquels il suppose une plus forte dose de sagesse et

de sang-froid politiques, les mêmes hommes que l'année dernière il repoussait comme exagérés , et dont la présence alarmante à la chambre l'a engagé à modifier la loi du 5 février ?

Nous convenons que ce serait peut-être pousser les choses un peu loin ; mais enfin on ne saurait jamais trop présumer de l'opinion publique. Car l'opinion est une puissance , et , comme telle , elle n'a pas de comptes à rendre ; elle a la faculté de franchir les ornières déjà frayées ; elle a le droit de créer et d'improviser des merveilles.

Quelles conclusions tirer de toute la discussion à laquelle nous venons de nous livrer ? C'est que les électeurs feraient un tort immense , peut-être irréparable, à leur cause, s'ils se laissaient aller au découragement ou à des craintes chimériques qu'on ne manquera pas de leur inspirer ; qu'ils doivent, au contraire, redoubler de zèle, d'activité , d'énergie , et apporter dans la lutte qui va s'ouvrir la même constance , la même intelligence , les mêmes sentimens d'union, de fraternité , d'harmonie, qu'ils ont manifestés dans les luttes précédentes ; que les chances sont , sinon favorables, au moins égales ; qu'ils ont conservé avec cette loi l'avantage précieux que leur ravissait la loi aristocratique proposée , de tenir en quelque sorte encore leurs destinées entre leurs mains , et enfin l'avantage tout aussi important de n'être pas soumis à la main de fer des adjonctions, qui , placées au moment critique dans la balance électorale , sont dans les élections ce que les faux poids sont dans les marchés. - Il faut qu'ils aient sans cesse devant les yeux que, toutes les fois que dans un Gouvernement représentatif les citoyens ne jouissent que d'une liberté nominale, leur premier devoir politique est de donner la plus grande latitude possible au petit nombre de droits qui leur sont accordés ; de faire rapporter à chaque faculté concédée tout ce qu'elle peut produire ; de la féconder, si elle est stérile ; d'élargir enfin le cercle tracé, sans pourtant rompre les anneaux de la chaîne constitutionnelle. Ils ne doivent ensuite jamais perdre de vue que chaque fois que tout un peuple de citoyens encore novices dans l'exercice des droits politiques se trouve en présence de champions blanchis dans les habitudes et les souvenirs d'un ordre de choses où ces mêmes droits politiques n'existaient pas, en présence des doyens de l'oligarchie et des priviléges, d'hommes consommés dans l'idéologie féodale, il faut qu'ils opposent à cette vieille diplomatie d'intérêts surannés, l'énergie, la franchise, la verdeur des intérêts nouvellement créés. Il faut qu'ils combattent avec la jeunesse de la vie présente, contre la décrépitude de la vie historique. Il faut enfin qu'ils repoussent sans crainte ces vieux flots d'une puissance expirante, par les vagues bruyantes et animées d'une génération pleine de vie. Qu'ils ne s'y méprennent pas ! ils ne doivent savoir aucune reconnaissance aux vieux enfans gâtés du passé, de tout le mal qu'ils ne leur feront pas. Les manœuvres, les escobarderies, les manéges de l'antique intrigue, les alarmes, les terreurs, les menaces, tout au jour du combat sera mis en usage sans délicatesse et sans scrupule. A quoi bon en effet des égards envers des *vilains* ? N'est-on pas assez malheureux d'avoir à reconnaître le nombre de cette *canaille*,

et d'avoir à la combattre, sans encore s'inquiéter
du choix des armes ? Contre eux toutes les armes
sont bonnes, pourvu qu'elles portent, qu'elles bles-
sent ou qu'elles tuent.

Que les électeurs se tiennent donc maintenant
pour avertis : il y va de leur existence politique.
Puissions-nous, en provoquant leur patriotisme, n'a-
voir pas fait un vain appel !

Après avoir ainsi essayé de développer l'esprit dans
lequel a été conçue la nouvelle loi, et celui dans
lequel les électeurs doivent l'exécuter, s'ils ont à
cœur de nommer des mandataires qui représentent
leurs vrais intérêts, il ne sera pas inutile d'exa-
miner cette loi dans ses détails, et d'expliquer
quelques difficultés d'exécution auxquelles elle pourra
donner lieu. Nous croyons qu'il sera convenable également de remettre sous les yeux de MM. les élé-
cteurs tous les articles de la loi du 5 février qui
n'ont pas été abrogés par la nouvelle, auxquels
même l'article 11 de la nouvelle se réfère, et qui par
là en deviennent en quelque sorte le complément.

Des difficultés s'étaient aussi élevées sur l'application de la loi du 5 février. Ces difficultés avaient
été résolues par une décision ministérielle en date
du 16 août 1817, et, nous l'avouons franchement,
la majeure partie l'avaient été dans un sens favorable à la liberté. Il y aurait donc de notre part
malveillance à présumer que celles des dispositions
de la loi du 5 février qui ont été maintenues par
la nouvelle, pourraient être interprétées par les ministres actuels dans un sens différent de celui de
leurs prédécesseurs. Aussi allons-nous présenter les
solutions de ces difficultés, telles qu'elles ont été

données à cette époque , dans l'espoir ou l'intime
conviction qu'elles ne seront pas démenties.

Loi du 29 juin 1820.

ARTICLE 1.er

Il y a dans chaque département un collége électoral de département et des colléges élé-
ctoraux d'arrondissement.

Néanmoins , tous les électeurs
se réuniront en un seul collége
dans les départemens qui n'a-
vaient , à l'époque du 5 février
1817, qu'un député à nommer ;
dans ceux où le nombre des élé-
cteurs n'excède pas trois cents ,
et dans ceux qui, divisés en cinq
arrondissemens de sous-préfé-
cture , n'auront pas au-delà de
quatre cents électeurs.

ARTICLE 2.

Les colléges de département
sont composés des électeurs les
plus imposés , en nombre égal
au quart de la totalité des élé-
cteurs de département.

Les colléges de département
nomment cent soixante-douze
nouveaux députés , conformément au tableau annexé à la présente loi. (5) Ils procéderont à
cette nomination pour la session
de 1820.

La nomination des 258 dé-

Loi du 5 février 1817.

ARTICLE 1.er

Tout Français jouissant des
droits *civils* et *politiques*, âgé de
trente ans accomplis, et payant
trois cents francs de contributions directes , est appelé à
concourir à l'élection des députés du département *où il a son
domicile politique.*

ARTICLE 3.

Le *domicile politique* de tout
Français est dans le département où il a son *domicile réel.*
Néanmoins il pourra le transférer dans tout autre département
où il paiera des contributions directes , à la charge par lui d'en
faire, six mois d'avance , une
déclaration expresse devant le
préfet du département où il
aura son domicile politique actuel, et devant le préfet du département où il voudra le transférer.

La translation du domicile
réel ou *politique* ne donnera
l'exercice du droit politique ,
relativement à l'élection des députés , qu'à celui qui , dans les
quatre ans antérieurs , ne l'aura

---

(5) D'après ce tableau , le département de la Vienne doit
nommer deux députés.

(Loi du 29 juin.)

putés actuels est attribuée aux
colléges d'arrondissemens élé-
toraux à former dans chaque département , en vertu de l'article 1.er , sauf les exceptions
portées au §. 2 du même article.

Ces colléges nomment cha-
cun un député. Ils sont composés de tous les électeurs ayant
leur *domicile politique* dans
l'une des communes comprises
dans la circonscription de chaque arrondissement électoral.
Cette circonscription sera provisoirement déterminée pour
chaque département , sur l'a-
vis du conseil général , par des
ordonnances du Roi , qui seront soumises à l'approbation lé-
gislative dans la prochaine session.

Le cinquième des députés actuels qui doit être renouvelé ,
sera nommé par les colléges
d'arrondissement.

Pour les sessions suivantes, les
départemens qui auront à renouveler leur députation , la
nommeront en entier d'après les
bases établies par le présent
article.

(Loi du 5 février.)

pas exercé dans un autre dépar-
ment.

Cette exception n'a pas lieu
dans le cas de dissolution de la
chambre.

ARTICLE 4.

Nul ne peut exercer les droits
d'électeur dans deux départemens.

En lisant attentivement ces articles , il est facile
de s'apercevoir que la loi du 29 juin a gardé un
profond silence sur les qualités requises pour être
électeur. Ces qualités doivent donc être réglées
par la loi du 5 février , qui n'a fait elle-même dans

cette fixation que répéter l'article 40 de la Charte.

Avoir 30 ans accomplis, jouir des droits *civils* et *politiques*, sont deux qualités indispensables pour être électeur de département et électeur d'arrondissement. Payer 300 fr. de contributions directes est une condition spécialement exigée pour faire partie du collége d'arrondissement, tout comme figurer dans la classe des plus imposés est une qualité nécessaire pour être électeur de département ; ce qui fait voir également que le sort des grands électeurs est en quelque sorte suspendu jusqu'après la publication des listes, puisqu'il faudra, de toute nécessité, connaître d'abord le nombre de ceux qui paient, avant de pouvoir connaître ceux qui paient le plus.

. Ces bases générales fixées, quelques observations le détail.

. §. I.ᵉʳ Quant à la jouissance des droits civils et politiques, tout le monde sait que l'exercice des uns est indépendant de l'exercice des autres.

Les *droits civils* sont attachés à la qualité de *Français*, et se perdent avec elle, c'est-à-dire :

1.° Par la naturalisation acquise en pays étranger ;

2.° Par l'acceptation, *non autorisée* par le Roi, de fonctions publiques conférées par un Gouvernement étranger ;

3.° Par tout établissement fait en pays étranger, sans esprit de retour, ce qui ne comprend pas les établissemens de commerce ; (6)

4.° Par l'acceptation, *non autorisée* par le Roi, de service militaire dans l'étranger, ou par l'affilia-

_____

(6) Art. 17 du Cod. civil.

tion, également non autorisée, à une corporation militaire étrangère ; (7)

5.° Enfin , par l'interdiction *totale* des droits civils , prononcée par un tribunal correctionnel, et
en particulier par l'interdiction du droit de vote et
d'élection. (8)

L'individu qui se trouverait dans l'un de ces cas,
ne pourrait faire partie d'un collége électoral, lors
même qu'il réunirait les autres conditions maté-
rielles exigées, telles, par exemple, que le paiement de l'impôt, l'âge , le domicile , etc.

Les *droits politiques* ou *civiques* sont attachés
à la qualité de *citoyen*, qui ne s'acquiert, ne se
conserve et ne se perd que conformément à la loi
constitutionnelle. (9) Cette qualité se perd par la
condamnation à des peines *afflictives* et *infaman-
tes.* (10)

L'exercice en est suspendu : 1.° par l'état de débiteur *failli*, on d'héritier immédiat, détenteur à
titre gratuit de la succession totale ou partielle d'un
failli ;

2.° Par l'état de domesticité à gages, soit au
service de la personne, soit à celui du ménage ;

3.° Par l'état d'interdiction judiciaire , d'accusa-
tion ou de contumace. (11)

L'individu qui se trouve entaché d'un de ces vices
ne peut figurer dans un collége électoral ; car l'on

---

(7) Art. 21 du C. civil.
(8) Art. 40 du Cod. pén.
(9) Art. 7 C. civ.
(10) Art. 4 Constit. an 8.
(11) Art. 5 Constit. an 8.

perd sa place dans un collége électoral par les mêmes causes qui font perdre les droits de *citoyen.*

§. II. Le *domicile réel* est le même que le *domicile civil*, et le *domicile civil* d'un Français est le lieu où il a le siége de ses affaires, son principal établissement. (12)

Le *domicile politique* est celui où le Français exerce les droits de *citoyen*, par exemple, où il exerce un emploi ou une fonction publique, temporaire et révocable. (13)

Si la fonction est conférée *à vie*, elle emporte de fait et *immédiatement* la translation du domicile civil dans le lieu où le fonctionnaire doit exercer ses fonctions. (14)

On voit par là qu'en thèse générale, le domicile *civil* ou *réel* diffère essentiellement du domicile *politique.* Mais la loi du 5 février a modifié ces principes, en déclarant que *le domicile politique de tout Français sera dans le département où il a son domicile réel.* Elle a décidé par là que c'est le domicile réel qui détermine le domicile politique, et que, relativement au droit politique de l'élection, ils doivent être en quelque sorte confondus.

Diverses questions importantes s'étaient élevées sur le *domicile*, sous la loi du 5 février. Elles ont été résolues par la décision ministérielle du 16 août 1817, dont nous avons parlé plus haut.

1.° On a demandé si un électeur, qui a déjà exercé les droits de citoyen dans un département autre que

---

(12) Art. 102 C. civil.
(13) Art. 106 C. civil.
(14) Art. 107 C. civil.

celui où est son domicile réel, conserve cet ancien domicile politique, ou le prend, conformément à l'article 3 de la loi du 5 février, dans le département de son domicile réel?

Il a été décidé que la loi du 5 février n'avait pas détruit l'effet des lois antérieures, quant au domicile politique acquis avant sa promulgation, soit que ce domicile eût été établi en vertu des déclarations alors exigées, soit par l'exercice des droits de citoyen. « Elle a, porte la décision, pris les choses à cet égard dans l'état où elle les a trouvées; ainsi l'électeur qui a voté aux dernières élections dans un département autre que celui de son domicile réel, conserve son domicile politique dans le même département. »

2.° Autre question. Un électeur a voté, aux dernières élections (celles antérieures à la loi du 5 février), dans le département des Deux-Sèvres, quoiqu'il ait son domicile réel dans le département de la Vienne. Il a depuis vendu les biens qu'il avait dans le premier de ces départemens, et il n'y paie plus de contributions. Dans lequel de ces deux départemens devra-t-il voter?

Il devra voter dans le département de la Vienne. Cet électeur avait, il est vrai, en votant dans le département des Deux-Sèvres, acquis le domicile politique dans ce département. Mais l'article 3 de la loi du 5 février, qui attache le domicile politique au département du domicile réel, *où l'on paie la contribution personnelle*; et qui ne permet de le transférer dans un autre département, *qu'autant qu'on y paie une portion quelconque de ses contributions directes*, a implicitement interdit la faculté d'exercer les droits politiques dans un département où l'on ne paie aucune contribution directe. L'électeur dont il s'agit a donc, en vertu de cet article, perdu le domicile politique qu'il avait acquis suivant les lois antérieures; il rentre dans la classe générale, et son domicile politique est dans le département où il a son domicile réel, c'est-à-dire dans le département de la Vienne.

Nous rapportons cette décision, parce que nous nous sommes demandé si l'on ne devrait pas résoudre de la même manière une difficulté semblable qui se serait présentée depuis la loi du 5 février. Ainsi un électeur n'ayant pas son domicile réel dans le département des Deux-Sèvres, mais y payant une contribution foncière considérable, y a voté il y a deux ans, soit par erreur, soit par négligence de la part des administrations. Il a depuis vendu toutes ses propriétés dans ce département, et en a replacé le prix en biens-fonds dans le département de la Vienne, où il acquitte aujourd'hui ses contributions et a son domicile réel. Pourra-t-il voter cette année dans ce dernier département?

On peut dire, pour la négative, que la translation légale du domicile ne donnant l'exercice du droit politique, relativement à l'élection des députés, qu'à l'individu qui, quatre ans auparavant, ne l'aurait pas exercé dans un autre département, à plus forte raison une simple erreur de l'administration ne peut constituer un droit, et que l'électeur ayant voté il y a deux ans dans le département des Deux-Sèvres, ne peut cette année exercer le même droit dans le département de la Vienne.

Mais d'un autre côté, cependant, le domicile réel emporte le domicile politique. Tout Français payant les contributions voulues dans le département où il a son domicile politique, *est appelé à concourir à l'élection des députés* (art. 1.*er* de la loi du 5 février). La loi a interdit la faculté d'exercer les droits politiques dans un département où l'on ne paie aucunes contributions directes. C'est donc la contribution directe qui donne naissance au droit politique. Faudra-t-il alors que l'individu dont il s'agit soit privé de la faculté d'élire dans le département où il a son domicile réel, où il paie ses contributions, où il a toutes ses propriétés, parce que l'administration d'alors ne l'aura pas prévenu, et que, resté depuis ce temps dans la bonne foi ou l'ignorance, il n'aura pas eu soin, à cette époque, de faire sa déclaration de translation de domicile ?

3.° On a demandé encore si le fonctionnaire ou l'employé qui arrive dans un département pour y exercer ses fonctions ou son emploi, doit être considéré comme ayant son domicile réel dans ce département, et s'il peut, en supposant qu'il paie les contributions voulues, se faire inscrire sur la liste des électeurs, quoiqu'il ne se soit pas écoulé six mois depuis son arrivée ?

Ici il faut distinguer :

Ou ses fonctions sont temporaires et révocables,

Ou elles sont à vie.

Si elles sont *à vie*, comme elles investissent *immédiatement* du domicile réel les personnes qui en sont revêtues, (15) le fonctionnaire pourra voter sans formalité préalable dans le lieu de ses fonctions,

---

(15) Art. 107 C. civil.

pourvu toutefois qu'il y paie une portion de ses contributions, et qu'il remplisse les autres conditions exigées.

Si elles sont *temporaires* et *révocables*, ou bien l'employé a exercé ses droits politiques aux dernières élections, et alors il conserve son ancien domicile politique; ou bien il ne les a pas exercés, et alors son domicile politique est au lieu de son domicile réel.

4.° Il n'est pas nécessaire que l'électeur fasse *en personne* sa déclaration de translation de domicile. Il peut la faire par un fondé de pouvoirs, muni d'une procuration *sous signature privée*, dûment *légalisée* et *enregistrée*. La procuration restera annexée au registre des déclarations.

Les déclarations pour translation de domicile politique sont affranchies du droit de timbre. (Décision du 6 mai 1817.)

5.° Les fonctions de la garde nationale ne sont pas un obstacle à ce que les électeurs qui en font partie se rendent aux colléges électoraux.

Loi du 29 *juin* 1820.   *Loi du* 5 *février* 1817.

ARTICLE 3.

La liste des électeurs de chaque collége sera imprimée et affichée *un mois avant* l'ouverture des colléges électoraux. Cette liste contiendra la quotité et l'espèce des contributions de chaque électeur, avec l'indication des départemens où elles sont payées.

ARTICLE 5.

Le préfet dressera dans chaque département la liste des électeurs, qui sera imprimée et affichée.

Il statuera, *provisoirement*, en conseil de préfecture, sur les réclamations qui s'élèveraient contre la teneur de cette liste, sans préjudice du recours de

4

droit, lequel ne pourra néanmoins suspendre les élections.

Article 6.

Les difficultés relatives à la
jouissance des droits civils ou
politiques du réclamant , seront
définitivement jugées par les
cours royales. Celles qui con-
cerneraient ses contributions ou
son domicile politique, le seront
par le conseil d'état.

. La loi du 29 juin a, comme l'on voit , apporté
une modification importante à celle du 5 février ,
en déterminant l'époque à laquelle les listes électorales doivent être imprimées. On s'était aperçu, et
l'on s'était plaint, sous l'empire de la loi du 5 février, que beaucoup de préfets, sous prétexte d'attendre des ordres supérieurs , qu'ils sollicitaient , di-
saient-ils, et qui n'arrivaient jamais, retardaient la
publication des listes jusqu'à une époque très-rap-
prochée de la convocation des colléges. Il résultait
de là que beaucoup d'électeurs n'avaient plus le temps
de réclamer , et que les administrations soutenaient,
avec quelque apparence de fondement , n'avoir plus
assez de temps pour faire droit aux réclamations. De
cette manière , beaucoup d'électeurs étaient exclus
des listes, et restaient à la porte des colléges électoraux , spectateurs d'une lutte à laquelle ils auraient
eu droit de prendre part.

Aujourd'hui le même inconvénient ne se rencon-
trera plus , puisque les électeurs auront un mois
pour réclamer.

Mais une autre difficulté se présente.

La commune renommée a répandu qu'une fois les listes imprimées et publiées, aucunes réclamations ne seraient plus admises, et que les électeurs non inscrits ne seraient pas plus reçus à faire réparer l'omission commise à leur égard, que les individus qui y figureraient sans qualité n'en seraient rayés.

Nous aimons à penser que ce bruit est dénué de tout fondement. Si telle était la résolution de l'administration, il serait alors fort inutile de publier les listes et de faire connaître d'avance les noms des électeurs : ce serait évidemment aller contre l'intention même du législateur ; car tout porte à croire qu'il a voulu que ces listes fussent affichées un mois avant la convocation, afin que les électeurs eussent un délai moral suffisant pour faire parvenir leurs réclamations, et les administrations, pour y faire droit. Les intentions de M. le préfet de la Vienne sont sans doute de rendre une justice égale à tous, et de ne refuser l'exercice des droits politiques qu'à ceux des habitans que la loi exclut elle-même, quand ils ne satisfont pas aux conditions qu'elle exige. Tout en engageant vivement MM. les électeurs de ce département, au nom de leur intérêt le plus cher, à se faire inscrire sur les listes avant leur publication, nous ne pensons pas néanmoins devoir priver de l'espoir d'y figurer, ceux d'entre eux qui n'auraient pas eu le temps ou auraient négligé de se mettre en règle, et qui ne se présenteraient qu'après la clôture des listes, fixée au 15 septembre. Nous pensons au contraire que leurs réclamations, pendant tout le mois d'exposition des listes, doivent être accueillies, qu'ils ont même le droit de les présenter jusqu'au moment de l'ouverture du collége : c'est le vœu, l'in-

4.

tention et l'esprit de la loi; et leur premier devoir
est de l'invoquer. (16)

Ils auront donc depuis le 15 septembre jusqu'au
15 octobre pour réparer les omissions ou les erreurs.
La formation de la liste du collége de département
ne change rien à cette disposition : car cette liste
doit toujours être augmentée en raison et en proportion du nombre des électeurs qui se feront porter
sur la liste générale, à quelque époque que ce soit,
le collége n'étant censé complet qu'au moment même
de l'ouverture.

Si la loi du 29 juin a apporté à celle du 5 février une modification avantageuse, en fixant l'époque de l'impression des listes, d'un autre côté elle a
laissé dans un vague douloureux une disposition importante qui existait sous l'ancienne loi. C'est l'*inscription d'office*. En effet, que les électeurs présen-
tassent ou non leurs titres et l'extrait de leurs contributions, les préfets n'en devaient pas moins inscrire,
d'après les relevés des matrices de rôles, tous les
individus âgés de trente ans, payant les contributions voulues ; et une ordonnance du 20 août 1817
avait même statué positivement que « nul ne pourrait être admis dans les colléges électoraux, s'il n'était
inscrit d'office, ou ne s'était fait inscrire sur les

---

(16) L'avis aux électeurs de M. le préfet de la Vienne est loin
de lever clairement le doute ; car, ainsi qu'on peut s'en assurer à
la fin de cet écrit, on ne sait trop si le *délai* dont il parle, *passé lequel aucunes réclamations ne seront admises*, doit s'appliquer à
l'intervalle de temps qui s'écoulera entre l'avis et la publication des
listes, ou au mois accordé par la loi entre la publication des listes
et la convocation des colléges.

listes principales ou supplémentaires. Aujourd'hui cette disposition n'a pas été renouvelée. Doit-on s'attendre que l'administration suppléera au silence des électeurs qui oublieraient de se faire porter sur les listes ? Si nous disions non , on ne manquerait pas de nous accuser de malveillance, ou peut-être de calomnie ; si nous répondions oui , nous avancerions un fait que nous ignorons. MM. les électeurs feront donc mieux de ne pas s'y fier, et de mettre toute diligence à justifier de leur qualité , sans attendre qu'on la leur demande. *Vigilantibus, non dormientibus, jura succurrunt.* Le bon droit n'arrive pas en dormant.

Ce défaut d'inscription d'office menace d'avoir en outre un très-grave inconvénient. On craint que les électeurs de l'aristocratie, pour maintenir le plus haut possible le taux des contributions voulues pour être électeur de département , n'engagent beaucoup de petits électeurs de 100 écus , enrôlés sous la bannière sans tache, à ne pas se faire inscrire. Et il est en effet facile de comprendre que le collége de département devant être composé du *quart* des électeurs les plus imposés, plus le nombre total des électeurs sera réduit , moins le collége de département sera nombreux, et plus il faudra payer pour y atteindre. Il est évident dès-lors que , si l'inscription d'office subsistait encore , les petits électeurs aristocratiques de 100 écus seraient portés *bon gré malgré* sur ses listes , et qu'il ne pourrait pas dépendre des manéges d'un parti ou d'une coterie de diminuer ou d'augmenter à sa volonté le collége de département, d'y opérer en quelque sorte le flux ou le reflux. Est-ce encore là une crainte chimé-

rique? Nous aimons à le penser. Cependant, comme
la prudence est la mère de la sureté , et qu'on
n'évite le danger qu'autant qu'on le connaît , nous
avons cru qu'il n'était pas inutile de prévenir nos
concitoyens de cette nouvelle manœuvre, qu'elle soit
bien ou mal fondée.

Il y a plus ; c'est que nous ne craignons pas d'a-
vancer que tout citoyen a non-seulement la *faculté*
de faire porter sur la liste l'individu négligent ou
récalcitrant qu'il sait être électeur , mais encore
qu'il en a le *droit* , et que c'est un devoir civique pour lui de le faire, ou *du moins d'en avertir*
l'autorité. Tout électeur peut donc à cet effet demander aux percepteurs les extraits des rôles des
individus qu'il sait réunir les conditions électorales
voulues par la loi. Les rôles des contributions sont
publics. Les percepteurs n'ont pas plus le droit
de refuser d'en prendre connaissance ou d'en délivrer des extraits , qu'ils ne pourraient refuser
ces mêmes extraits pour servir de termes de comparaison en matière de dégrèvement, par exemple. En cas de refus de leur part , il faudrait d'a-
bord s'en plaindre à M. le préfet , ou à tout autre
autorité compétente , qui , sans doute , ne manquerait pas de sévir contre eux ; et , dans tous les cas ,
leur faire faire une sommation juridique , pour constater leur refus , afin de pouvoir les poursuivre ensuite aux termes de la loi.

C'est en usant d'une surveillance et d'une activité semblables l'année dernière , que les premières
listes imprimées, qui ne contenaient que 1,186 élé-
cteurs , furent portées jusqu'à 1,200 par les listes
upplémentaires; et , si l'autorité est zélée et vigi-

lante, ce dont il n'est pas permis de douter, le nombre des électeurs de cette année doit atteindre au moins celui de l'année dernière, s'il ne le dépasse. Car, tant qu'on n'aura pas mis à exécution les projets de M. le duc *de Lévis* et de ses nobles amis, tout porte à croire que la marche des lois civiles, l'esprit d'ordre, d'économie et de conservation qui anime la grande majorité des citoyens, tendent à augmenter sans cesse le nombre des petits électeurs.

Il faut convenir enfin que l'administration s'épargnerait à elle-même beaucoup de peines, et agirait d'une manière bien plus expéditive et plus sûre, si, au lieu de refaire les listes en entier et à neuf, elle se bornait à corriger celles de 1819. Nous ne doutons pas que cette marche ne soit suivie par des préfets bien intentionnés dans beaucoup de départemens.

Et c'est ici le lieu de combattre et de repousser un raisonnement dont les conséquences pourraient devenir funestes. Beaucoup d'électeurs payant 100 écus, dans la persuasion qu'il n'y aura cette année dans ce département qu'un haut collége, dont ils ne feront pas partie, s'imaginent qu'il est dès-lors fort inutile qu'ils se fassent inscrire, puisqu'ils ne doivent pas prendre part à l'élection. Mais ils sentiront eux-mêmes, par les considérations que nous avons présentées plus haut, combien cette insouciance anti-patriotique serait déplorable. Le haut collége devant être composé du quart de tous les électeurs inscrits, plus il y aura d'électeurs portés sur les listes, plus le quart sera nombreux, et moins le taux de contributions nécessaire pour en faire partie sera élevé. D'ailleurs, rien ne prouve que la chambre ne soit pas intégralement dissoute, d'ici à la convocation des colléges; des probabilités font même croire que la chose aura lieu, et ils voient par là eux-mêmes, ce cas arrivant, quels regrets ils se seraient préparés, regrets d'autant plus amers que le mal serait irréparable, et que l'autorité se tiendrait aux aguets pour en profiter.

Au surplus, toutes les difficultés relatives à la formation des listes, et qui s'élèveront sur la quotité des contributions ou sur le domicile politique, seront *provisoirement* jugées par le préfet, et *définitivement* par le conseil d'état. Les réclamations qui auraient pour but la jouissance des droits civils ou politiques, ne sont point du ressort de l'administration ; elles doivent être immédiatement portées devant les cours royales : car les tribunaux *judiciaires* seuls peuvent connaître de l'*état* des citoyens; et c'est un *état* que d'être électeur.

Loi du 29 juin 1820.

ARTICLE 4.

Les contributions *directes* ne seront comptées pour être électeur ou éligible, que lorsque la propriété foncière aura été possédée, la location faite, la patente prise et l'industrie sujette à patente exercée une année avant l'époque de la convocation du collége électoral. Ceux qui ont des *droits acquis* avant la publication de la présente loi, et le possesseur à titre successif, sont seuls exceptés de cette condition.

Loi du 5 février 1817.

ARTICLE 2.

Pour former la masse des contributions nécessaires à la qualité d'électeur ou d'éligible, on comptera à chaque Français les *contributions directes* qu'il paie dans tout le royaume;

Au mari, celles de sa femme, *même non commune en biens ;* et au père, celles des biens de ses enfans mineurs, dont il aura la jouissance.

(Loi du 29 juin.)

ARTICLE 5.

Les contributions foncières payées par une veuve sont comptées à celui de ses fils ; *à défaut* de fils, à celui de ses petits-fils, et, à défaut de fils et de petits-fils, à celui de ses gendres qu'elle désigne.

Ici un grand nombre de questions se sont présentées sous la loi du 5 février. Nous allons rappeler les plus importantes.

I. On demanda ce qu'il fallait entendre par *contributions directes*.

« On doit, porte la décision du 16 août 1817, comprendre sous ce nom les quatre contributions, foncière, personnelle et mobilière, des portes et fenêtres, et des patentes.

» Quant à la contribution des portes et fenêtres, elle doit compter tout comme la contribution personnelle, au locataire qui la paie, c'est-à-dire, que le locataire peut être électeur, si, en réunissant à ses autres contributions ce qu'il paie pour les portes et fenêtres, il atteint les 300 fr. voulus par la loi.

» A plus forte raison, le propriétaire a-t-il le droit de faire entrer dans le calcul de ses contributions, celui des portes et fenêtres, pour ce qui concerne la maison ou l'appartement qu'il habite. »

II. On a demandé si les contributions payées par une femme qui *a été admise à la séparation de ses biens*, pouvaient servir à son mari pour être électeur.

Pour y répondre, la décision sus-mentionnée a

distingué le cas où la séparation aurait lieu pour
une cause qui ferait perdre au mari ses droits civils
et politiques, de celui où elle aurait été prononcée
pour toute autre cause.

Si, malgré le jugement qui a prononcé la séparation, le mari continue d'avoir la jouissance de ses
droits civils et politiques, comme alors le mari reste
chef de la famille, la séparation judiciaire met les
deux époux dans la même position que si la *non-
communauté* avait été stipulée par leur contrat de
mariage; et l'on vient de voir que, d'après l'article
2 de la loi du 5 février, on doit compter au mari
les contributions de sa femme, même non commune
en biens.

Il en serait autrement, si la séparation avait lieu
pour une cause qui fît perdre au mari la jouissance
de ses droits civils et politiques; mais il est évident
que dans ce cas ce serait la cause du jugement qui
priverait l'époux du droit de voter.

Telle serait, par exemple, une séparation de biens
pour cause de faillite; car on a vu plus haut que
l'exercice des droits de *citoyen français* est suspendu
par l'état de débiteur failli (article 2 constit. de l'an
VIII), et que l'on perd sa place dans un collége
électoral par les mêmes causes qui font perdre *les
droits de citoyen*.

III. Aujourd'hui que toutes les fonctions publiques sont à la disposition du Gouvernement, et
salariées par lui, il est important de connaître jusqu'à
quel point la quotité de ces traitemens peut donner
droit à la qualité d'électeur. On a demandé si l'on
doit considérer comme *contribution directe*, la
retenue faite sur les traitemens d'un fonctionnaire

ou salarié de l'Etat en vertu de la loi des finances.

La réponse a été négative. La retenue qui a été prescrite par la loi des finances du 28 avril 1816, confirmée par l'article 136 de la loi du 23 mars 1817, et prorogée par celle du 15 mai 1818 (article 92), et par celle du 19 juillet 1820 (article 1.ᵉʳ), n'est dans le fait qu'une diminution de traitement, et non pas une contribution ; et si le produit de ces retenues est porté en dépense et en recette au budget de l'Etat, c'est uniquement pour l'ordre de la comptabilité.

Ainsi, lors même qu'un fonctionnaire public aurait éprouvé sur son traitement une retenue plus considérable que la somme exigée par la loi pour exercer le droit si précieux de l'élection, ce fonctionnaire, s'il ne paie d'ailleurs 300 fr. de contributions directes, ne peut être admis au collége électoral. La raison en est simple : le fonctionnaire reçoit de l'argent du Gouvernement , et ne *contribue* pas; or, recevoir moins, ce n'est pas donner.

IV. Dans le calcul des contributions , doit-on admettre :

1.° *Les centimes facultatifs*, qui peuvent être imposés dans le département d'après le vœu que les conseils généraux sont autorisés à émettre;

2.° Les *taxations des percepteurs*, imposées en sus du principal et des centimes additionnels, mais en vertu de la loi du budget ?

Les *contributions directes*, les *centimes additionnels* et les centimes *imposés dans les limites déterminées par la loi des finances*, doivent seuls concourir pour l'établissement des droits des électeurs.

Mais les *centimes extraordinaires* qui seraient autorisés pour quelque cause que ce fût, 1.° au profit des communes , *en sus des* 5 *centimes communaux ;* 2.° pour les départemens, *en sus des* 5 *centimes facultatifs*, ne doivent point concourir à former les 300 fr. exigés.

Il sera facile d'appliquer ces principes, puisque toutes les contributions qui doivent être admises pour former la *quotité électorale*, sont confondues dans un *rôle unique*, tandis que les deux sortes de contributions , extraordinaire et locale, sont établies dans des *rôles spéciaux et distincts*.

Quant aux *taxations des percepteurs*, elles font partie de la contribution , puisqu'elles sont confondues avec elle , bien entendu néanmoins qu'elles ne doivent compter que pour celles des contributions admises pour former la quotité exigée.

Ainsi, par exemple, Pierre paie de contribution

foncière. . . . . 200 fr.

En contribution personnelle et mobilière,

portes et fenêtres. . . . . 50.

En *centimes ordinaires* facultatifs, dé-

partementaux, communaux, taxations

de percepteurs, etc. . . . . 40.

Total. . . . 290 fr.

Il ne lui manque donc que 10 fr. pour atteindre les 300 fr. exigés ; cependant, lors même qu'il serait imposé à 15 ou 20 fr. de *centimes extraordinaires*, soit pour le soulagement des pauvres de la commune , soit pour la réparation d'un chemin indispensable aux habitans , soit pour la reconstruction d'un pont , etc. , etc. , bien que cette somme excédât celle qui lui est nécessaire pour parfaire sa quotité électorale , il ne serait pas électeur.

V. Les mutations de propriété peuvent occasionner des difficultés très-sérieuses , et donner lieu à la question de savoir dans quels cas la translation de propriété peut opérer la translation de la qualité d'électeur du vendeur à l'acquéreur , du donateur au donataire.

1.ᵉʳ Exemple. — Pierre a vendu sa propriété à Paul , après le 1.ᵉʳ janvier 1817. Pierre conserve-t-il sa qualité d'électeur, qu'il avait au 1.ᵉʳ janvier, ou passe-t-elle à Paul ?

Il ne peut y avoir de difficulté dans l'esprit de la loi. La loi du 5 février 1817 , en statuant que la liste des électeurs de 1817 se composerait de ceux qui , sous le rapport des contributions , avaient au 1.ᵉʳ janvier dernier les droits requis, n'a pu l'entendre que de la quotité de contribution qui se perçoit en vertu d'une loi annuelle, et non du droit d'élire qui est transmissible en tout temps avec la propriété qui le donne. L'acquéreur Paul peut donc , en justifiant de ses droits, se faire substituer au vendeur Pierre , jusqu'au moment de la clôture des listes. Dans aucun cas , et cela en conséquence du principe que le droit d'élire n'est qu'une émanation, un corollaire du droit de propriété, le vendeur , qui par l'hypothèse n'est plus propriétaire , ne saurait conserver la qualité d'électeur, laquelle est inhérente à la propriété , et se transmet avec elle.

2.ᵉ Exemple. — Jacques a aliéné en 1816 des biens dont les contributions ont été payées en son nom; ces contributions ne doivent-elles pas être comptées à l'acquéreur ?

Oui sans doute, si l'acquéreur est Français et a l'âge et le domicile requis; il devra justifier de son droit, en représentant le contrat, ou la copie certifié du contrat d'acquisition.

VI. Un Français, âgé de 30 ans, qui jouit des propriétés *indivises* imposées sous le nom de sa mère veuve, ou de son frère, ou des héritiers de tel ou telle, est-il électeur lorsqu'il paie pour sa part 300 fr. de contribution? Dans ce cas, quelles pièces doit-il produire?

Nul doute qu'il est électeur. Les pièces à produire sont : 1.º un extrait des rôles des contributions imposées sur la totalité des biens; 2.º le titre ou la copie du titre en vertu duquel il est co-propriétaire desdits biens dans telle ou telle proportion, de laquelle il résulte qu'il paie 300 fr. Cette dernière pièce n'est au reste nécessaire que lorsque l'extrait du rôle ne fait pas connaître distinctement la portion des contributions directes à la charge de chacun.

Dans le cas où il n'y aurait pas de titre, il faudra que l'individu susceptible d'être électeur rapporte son acte de naissance et un acte de notoriété constatant qu'il est héritier, et la portion de biens pour laquelle il est héritier dans la masse indivise.

VII. Lorsque la nue propriété est dans une main et l'usufruit dans une autre, est-ce à l'usufruitier qu'on doit imputer la contribution?

C'est à l'usufruitier, puisque c'est lui qui la paie (article 608 du Code civil), et que d'ailleurs, d'après l'article 597 du même Code, il jouit généralement de tous les droits dont le propriétaire peut jouir, et qu'il en jouit comme le propriétaire lui-même.

Telle est la solution officielle des principales qué-
stions qui se sont présentées sous la loi du 5 février.

Sous la nouvelle on s'est demandé :

1.º Si ces mots *à défaut de fils*, dont il est qué-
stion dans l'art. 5, doivent être entendus en ce
sens que la veuve ne peut compter ses contributions à son gendre que dans le cas où elle n'a pas
de fils, ou si ces mots signifient qu'elle jouit égale-
lement de cette faculté dans le cas où elle a des
fils, mais qui n'ont pas l'âge ou les qualités requises pour être électeurs ?

Il faut convenir que le texte de loi est trop am-
bigu pour qu'on puisse y trouver quelque solution.
On en est donc réduit à consulter son esprit. Or,
en lisant avec attention le discours de M. *Bayet*, (17)
auteur de l'amendement qui est devenu l'article 5
de la loi, on est amené à penser que la loi a voulu
accorder à la veuve la faculté de désigner son gendre pour être électeur, tout aussi bien dans le cas
où son fils ou ses fils seraient mineurs, ou ne réu-
niraient pas les autres conditions voulues, que dans
celui où elle n'aurait ni fils ni petit-fils. Le but de
l'auteur de l'amendement a été d'assimiler la mère
au mari, qui, en s'attribuant les contributions de
ses enfans, peut devenir ainsi leur *mandataire* politique dans l'élection, et qui peut également, en
réunissant celles de son épouse, voter en quelque
sorte pour elle et pour lui. Dès-lors, a-t-on dit, pourquoi refuserait-on au fils ou au gendre le droit de
se présenter pour sa mère ou sa belle-mère, avec
laquelle tant de sentimens l'identifient ? Cette fa-

(17) Séance du 12 juin.

culté est fondée sur la justice et sur le maintien des idées morales.

Cette proposition parut si naturelle aux ministres eux-mêmes, que l'amendement passa sans discussion. Cependant il est clair que cet article est obscur, et l'on sait bien que les obscurités dans les lois sont des armes à deux tranchans. Nous pensons que l'article doit être entendu dans le sens que nous avons indiqué; mais il ne paraît pas que telle ait été l'opinion de M. le préfet dans son avis à MM. les électeurs ; car il dit positivement que MM. les électeurs devront se procurer un certificat du maire, attestant que la veuve *n'a pas* de fils , si la transmission est faite au petit-fils , et qu'elle *n'a point* de fils ou de petit-fils , si la transmission est faite au gendre.

Cette interprétation nous semble tout au moins rigoureuse; car, à part les vues bienveillantes de l'auteur de l'amendement, qui sont aussi des raisons de décider , puisqu'elles n'ont pas été contredites, la veuve qui a des fils, mais qui ne sont pas électeurs, n'en paie pas moins la contribution foncière ; et, si la loi du 5 février statue que l'on comptera au père les contributions des biens de ses enfans mineurs, dont il aura la jouissance, pourquoi cette disposition favorable serait-elle donc tout-à-fait inutile à l'égard de la mère qui , *après la mort du père*, a comme lui la jouissance des biens de ses enfans mineurs jusqu'à l'âge de 18 ans , ou jusqu'à leur émancipation ? (18) Pourquoi ne lui accorderait-on pas la faculté d'exercer par un autre un droit qu'elle puise

(18) Art. 384 C. civil.

dans la contribution foncière , mais qu'elle ne peut exercer par elle-même ? D'ailleurs la loi sur ce sujet garde le silence. Or la privation ou l'exclusion d'un droit ne peut résulter du silence de la loi. Il faut que l'exclusion soit clairement et positivement exprimée. Les rigueurs ne se suppléent jamais.

2.° On demande s'il est nécessaire pour faire partie du collége électoral de cette année, que la propriété, la location , la patente, aient une *année* d'existence ?

Il est évident , par la manière dont l'article 5 est rédigé , que cette condition ne peut être appliquée qu'aux électeurs des colléges qui seront convoqués l'année prochaine. La loi , en déclarant que ceux qui ont *des droits acquis* avant la publication de la présente loi , c'est-à-dire le 3 juillet 1820 , sont exceptés de cette condition, explique suffisamment son intention, qui, pas plus que son effet, ne peut rétroagir.

Ainsi un propriétaire foncier qui aurait acquis un domaine le 2 juillet 1820, et qui paierait la quotité de contributions exigée, pourrait être électeur , puisque la publication de la loi du 29 juin n'a eu lieu que le 3 juillet. Il en serait de même d'une profession sujette à patente, si la patente n'avait été prise que peu de jours avant la publication de la loi.

Mais, à dater de ce jour fatal, 3 juillet, toute acquisition qui aurait été faite, toute patente qui aurait été prise postérieurement, ne pourrait entrer en ligne de compte , et serait envisagée comme non-avenue, pour composer ou compléter la quotité de contributions voulue par la loi pour être électeur.

5

5.° Il peut s'élever sur le même article 5 une
autre question non moins importante, celle de savoir
jusqu'à quel point la désignation des contributions
de la veuve doit être faite par *acte notarié*, ou
par *acte sous signature privée*, dûment enregistré?

Il est bien vrai que l'avis de M. le Préfet aux
électeurs leur enjoint formellement de rapporter
cette désignation par *acte notarié*, et beaucoup
sans doute le feront par pure obéissance. Loin de
nous l'idée de les en blâmer; mais pourtant rien de
semblable n'existe dans la loi, et il ne faudra qu'un
seul électeur récalcitrant, pour que des explications deviennent nécessaires. Or où sont les instructions qui ordonnent cette formalité dispendieuse,
à peine de nullité ou d'exclusion ? Et, lors même que
ces instructions existeraient, ce que nous voulons
bien croire, quel caractère obligatoire peuvent-elles
avoir aux yeux du citoyen qui ne connaît que la loi?
(19) Sans doute les électeurs qui attachent de l'importance à l'exercice de leur droit, ne seront pas ar-
rêtés par la considération d'une dépense relativement peu considérable. Sans doute aussi beaucoup de MM. les notaires du département, suivant
en cela l'exemple des notaires d'un département
voisin, (20) auront le patriotisme de délivrer ces

---

(19) La loi du 5 février avait été expliquée et commentée
par des ordonnances et la décision ministérielle du 16 août : celle
du 29 juin a paru sans commentaires ni explications. Le Gouvernement, c'est-à-dire les ministres, ont préféré la voie des
instructions secrètes, et il y en aura sûrement autant que de départemens. Lorsque les intentions sont pures, et ici les soup-
çons sont défendus, à quoi bon tant de mystères?

(20) Celui de Maine-et-Loire.

désignations *gratis*. Mais toutes ces mesures sont
des palliatifs à une condition ministériellement ou
administrativement imposée, à une véritable taxe illé-
gale et arbitraire qui n'existe pas dans la loi; et cela
doit suffire pour éveiller l'attention. Est-il juste en
effet, dans l'exécution d'une loi, de créer des difficultés
qu'elle n'a pas ordonnées, d'aggraver le sort des
individus qui y sont soumis, et de métamorphoser
ainsi une loi, qu'il serait cependant injuste d'accuser de trop de bienveillance pour la liberté, en une
loi de contrainte et de malvaillance? C'est, ce nous
semble, rendre un mauvais service, d'abord à la loi,
ensuite au Gouvernement, et constituer l'un et l'autre
responsable d'iniquités dont ils sont *innocens*.

Nous disons *iniquités*, parce qu'il y a *iniquité*
par-tout où il n'y a pas *justice;* et il n'y a pas
justice toutes les fois que l'on s'éloigne de la loi.

Nous pensons donc d'après cela, qu'une simple
déclaration verbale, si elle est faite à l'autorité compétente qui doit en dresser acte signé de la décla-
rante, ou une déclaration écrite, signée par elle,
avec légalisation de sa signature par l'autorité,
pourraient suffire à la rigueur. Cependant, comme
dans les circonstances présentes il pourrait y avoir
péril dans le retard, et que le point essentiel est
d'exercer le droit électoral, il sera plus prudent de se
conformer à la mesure, tout en protestant contre
son illégalité.

4.° M. le Préfet exige dans son *avis aux électeurs*
que les maires, en légalisant la signature du percepteur, certifient *que la possession de la propriété,
la location, le paiement de la patente, l'exercice
de l'industie, datent du délai exigé par la loi.*

5.

Les maires ne peuvent, avec connaissance de cause,
délivrer un tel certificat, parce qu'on n'est pas obligé,
quand on vend ou qu'on achète une propriété, soit
par acte authentique, soit par acte sous signature privée, d'en donner connaissance au maire. Ce fonctionnaire pourrait tout au plus certifier qu'il n'est
pas venu à sa connaissance qu'il y ait eu interruption.

5.° M. le Préfet exige encore dans le §. suivant
de son instruction, que les extraits des rôles délivrés
dans d'autres départemens, indépendamment du
visa du préfet, *portent encore un certificat du*
directeur des contributions, également visé du pré-
fet, constatant que les cotisations portées aux-
dits extraits comprennent ou non les impositions
locales; que s'ils en comprennent, la quotité y
soit indiquée.

Il nous semble que le percepteur et le maire qui
ont déjà signé l'extrait, étaient capables de donner
ce certificat. Quand on voit l'autorité accompagner
l'exercice d'un des droits politiques les plus im-
portans, de formalités aussi minutieuses, ne serait-
on pas tenté de croire que, loin d'en faciliter l'exercice aux citoyens, ainsi que cela devrait être sa vocation, sa destination et son but, son intention est
plutôt de les en dégoûter en les décourageant? Nous
pouvons attester que dans des départemens voisins,
où l'on s'est adressé au directeur des contributions
pour obtenir ce certificat, il l'a refusé, en disant qu'il
était inutile. Le moyen qu'un électeur des campa-
gnes, qui n'a pas de correspondant dans le chef-lieu
d'un autre département, puisse remplir toutes ces
formalités ombrageuses, et y consacrer le temps
nécessaire !

6.° Enfin il est bon de prévenir MM. les électeurs qu'il n'est pas nécessaire qu'ils soient *nominativement* portés sur les rôles dont ils veulent faire usage. Ils n'ont besoin que de prouver qu'ils sont réellement propriétaires des domaines auxquels ces articles de rôles s'appliquent, en produisant les titres d'acquisition, les actes de partage, ou, au besoin, des actes de notoriété.

Loi du 29 juin 1820.	*Loi du 5 février* 1817.
ARTICLE 6.	ARTICLE 8.
Pour procéder à l'élection des députés, chaque électeur écrit *secrètement* son vote *sur le bureau,* ou l'y fait écrire par un autre électeur de son choix, sur un bulletin qu'il reçoit à cet effet du président ; il remet son bulletin écrit et fermé au président, qui le dépose dans l'urne destinée à cet usage.	Les collèges électoraux sont convoqués par le Roi. Ils ne peuvent s'occuper d'autres objets que de l'élection des députés ; toute discussion, toute délibération leur sont interdites.
	ARTICLE 10.
	Le bureau de chaque collège électoral se compose d'un président nommé par le Roi, de quatre scrutateurs et d'un secrétaire. Les quatre scrutateurs et le secrétaire sont nommés par le collège, à un seul tour de scrutin de liste pour les scrutateurs, et individuel pour le secrétaire, à la pluralité des voix.
	....
	A l'ouverture du collège, le président nomme le bureau provisoire, composé de quatre scrutateurs et d'un secrétaire.

ARTICLE 11. (21)

Le président a seul la police du collége électoral qu'il préside.

Il y aura toujours présent dans chaque bureau trois au moins des membres qui en font partie.

Le bureau juge provisoirement toutes les difficultés qui s'élèvent sur les opérations du collége, sauf la décision définitive de la Chambre des Députés.

ARTICLE 12.

La session des colléges est de dix jours au plus. Chaque séance s'ouvre à huit heures du matin; il ne peut y en avoir qu'une par jour, qui est close après le dépouillement du scrutin.

ARTICLE 13.

Les électeurs votent par bulletins de liste, contenant, à chaque tour de scrutin, autant de noms qu'il y a de nominations à faire.

Le nom, la qualification, le domicile de chaque électeur qui déposera son bulletin, seront inscrits par le secrétaire ou l'un des scrutateurs présens, sur une liste destinée à constater le nombre des votans.

Celui des membres du bu-

(21) *V.* sur le mode d'exécution, l'ordonn. du 20 août 1817.

reau qui aura inscrit le nom,
la qualification, le domicile de
l'électeur, inscrira en marge
son propre nom.

Il n'y a que trois tours de scrutin.

Chaque scrutin est, après être
resté ouvert au moins pendant
six heures, clos à trois heures du
soir, et dépouillé séance tenante.

Le résultat de chaque tour
de scrutin est sur - le - champ
rendu public.

A l'exception du mode de voter, rien n'a été
changé par la nouvelle loi aux dispositions de celle du 5
février. Sous cette dernière, chaque électeur écri-
vait lui-même son bulletin, ou le fesait écrire, et
allait le déposer lui-même dans l'urne. Aujourd'hui
il faudra qu'il l'écrive lui-même sur le bureau, ou
le fasse écrire, et le président l'y déposera. Ce nouveau mode évitera-t-il plus de méprises qu'il ne
gênera la liberté des suffrages ? c'est ce qu'il n'est pas
très-facile de prédire. Mais enfin ce mode existe ;
il faut s'y conformer. Tout ce que l'on peut con-
seiller à ceux de MM. les électeurs de la campagne qui se trouveraient obligés de faire écrire leur
vote par un de leurs collègues, c'est de se bien
concerter avec lui avant d'arriver devant le bureau
du collége ; et à ceux des électeurs qui seraient trop
peu sûrs d'eux-mêmes pour ne pas craindre de se
laisser intimider par la vue du bureau, de se fixer d'avance sur les députés à nommer, d'une manière tellement invariable, que ni les suggestions, ni

les exhortations, ni les menaces n'influent sur la
résolution qu'ils auraient préalablement prise. Il est
inutile de recommander aux uns et aux autres de fer-
mer leurs bulletins de manière à ce que les noms
qu'ils contiennent échappent à toute investigation
indiscrète avant le moment du dépouillement; comme
aussi de veiller attentivement à ce que leurs bulletins soient immédiatement déposés dans l'urne par
le président. (22)

Il faut encore remarquer que la police du collége
appartenant au président, nulle force armée ne peut,
sans sa demande, être placée auprès du lieu des
séances ; mais les commandans militaires sont tenus
d'obtempérer à sa réquisition. (*V.* art. 19 de l'ord.
du 20 août 1817.)

Les diverses Constitutions qui ont régi la France
depuis la révolution , contenaient toutes cette disposition en termes équivalens :

Nul ne peut paraître en armes dans les assem-
blées électorales, dit la Constitution de 1791, ch.
1, sect. 4, art. 2 et 3.

V. la Constit. de 1793, art. 15 ; la Constit. de l'an

---

(22) Tout citoyen qui, étant chargé, dans un scrutin, du dépouillement des billets contenant les suffrages des citoyens sera
surpris *falsifiant ces billets ,* ou *y en ajoutant ,* ou *inscrivant
sur les billets des votans non lettrés , des noms autres que
ceux qui lui auraient été déclarés ,* sera puni de la peine du
carcan. (C. pénal, art. 111.)

Toutes autres personnes coupables des faits énoncés dans l'article précédent, seront punies d'un emprisonnement de six mois
au moins , et de deux ans au plus, et de l'interdiction du droit
de voter et d'être éligible , pendant cinq ans au moins , et dix
ans au plus. (*Ibid.* , art. 112.)

3, tit. 3, art. 24; le décret du 17 janvier 1806,
art. 14; le règlement du 13 mai 1806, art. 10.

Loi du 29 *juin* 1820.   *Loi du* 5 *février* 1817.

ARTICLE 7.
Nul ne peut être élu député
aux deux premiers tours de
scrutin, s'il ne réunit au moins
le tiers plus une des voix de
la totalité des membres qui
composent le collége, et la moitié
plus un des suffrages exprimés.

ARTICLE 14.
Nul n'est élu à l'un des deux
premiers tours de scrutin, s'il
ne réunit au moins *le quart*
plus une des voix de la totalité des membres qui composent le collége, et la moitié plus
un des suffrages exprimés.

ARTICLE 15.
Après les deux premiers
tours de scrutin, s'il reste des
nominations à faire, le bureau
du collége dresse et arrête une
liste des personnes qui, au se-
cond tour, ont obtenu le plus
de suffrages.

Elle contient deux fois autant de noms qu'il y a encore
de députés à élire.

Les suffrages, au troisième
tour de scrutin, ne peuvent être
donnés qu'à ceux dont les noms
sont portés sur cette liste.

Les nominations ont lieu à
la pluralité des votes exprimés.

ARTICLE 16.
Dans tous les cas où il y aura
concours par égalité de suffrages, l'âge décidera de la pré-
férence.

Il était assez naturel que, les colléges ne devant
plus être aussi nombreux sous la nouvelle loi que

sous celle du 5 février, on exigeât, pour opérer la
nomination d'un député , le *tiers* au lieu du *quart*
de la totalité des membres composant le collége.
C'est du moins l'explication la moins malveillante
qu'il soit possible de donner pour justifier ce changement; car il y aurait peut-être de la malignité
à penser, et plus encore à dire, que le système de
la loi du 29 juin étant uniquement fondé sur
la probabilité que la grande propriété ancienne do-
minerait dans les colléges de département, le Gouvernement se serait dit qu'il devenait dès-lors assez
indifférent d'exiger le *tiers* plutôt que le *quart* de
la totalité des membres : tandis qu'au contraire
une expérience de trois années ayant déjà démontré que la grande propriété ancienne était en mi-
norité dans les colléges à cent écus, il ne pouvait
jamais y voir que de l'avantage à élever une difficulté de plus aux opérations des petits électeurs ,
en exigeant d'eux la réunion d'un plus grand nombre de voix , la majorité du tiers au lieu de la majorité du quart. C'est toujours , comme l'on dit, autant de pris sur l'ennemi.

Loi du 29 *juin* 1820.	*Loi du* 5 *février* 1817.
ARTICLE 8.	ARTICLE 17.
Les sous-préfets ne peuvent être élus députés par les colléges d'arrondissemens électoraux qui comprennent la totalité ou une partie des électeurs de l'arrondissement de leur sous-préfecture.	Les préfets et les officiers généraux commandant les divisions militaires et les déparmens, ne peuvent être élus députés dans les départemens où ils exercent leurs fonctions.

Depuis long-temps l'on se plaint en France de la

uomination des fonctionnaires publics à la représentation nationale; l'opinion les y voit toujours
avec un œil de défiance, et il faut convenir qu'elle
a de bonnes raisons pour cela. La loi du 5 février
avait commencé une réforme salutaire, en limitant
la faculté d'élire des préfets et des commandans
militaires. La nouvelle loi a étendu cette réforme
aux sous-préfets. Mais il faut bien prendre que ni
l'une ni l'autre loi n'excluent les préfets, commandans et sous-préfets, d'une manière *absolue,* en
leur qualité d'agens du Gouvernement, et de salariés
du pouvoir : elles ne font qu'interdire leur nomination *dans et par le département* où ils exercent
leurs fonctions; de telle sorte, par exemple, que le
département du Nord peut nommer à la députation
le préfet du département de la Vienne; l'arrondissement de Bellac, le sous-préfet de l'arrondissement
de Châtellerault.

On voit donc que le sacrifice que l'autorité a fait
à l'opinion est d'une bien mince importance. Car
aucuns autres fonctionnaires ne sont exclus, ni
procureurs généraux, ni présidens de cours, ni avo-
cats généraux, ni procureurs du Roi, ni receveurs
généraux, ni payeurs, ni enfin aucun des membres de cette immense machine administrative dans
laquelle tant de gens vont se réfugier comme dans
une nouvelle arche de Noé. Si on ajoute à cela que
le Gouvernement peut, pendant la durée d'une session, élever des députés élus à des postes éminens, par
exemple, nommer un sous-préfet à une préfecture,
un avocat général à une place de procureur général,
etc. ; et que l'administrateur ainsi honoré n'en
continue pas moins de siéger à la Chambre en tout

bien , tout honneur, sans même demander l'assen-
timent de ses commettans , on est amené , malgré
soi, à retenir un peu de cette effusion de reconnaissance qu'aurait pu produire au premier abord
la disposition bienfesante de la loi.

Au reste, tout a été épuisé sur ce sujet. L'opinion a si bien compris les objections qui lui ont été
présentées contre la nomination des fonctionnaires,
que depuis trois ans elle n'en a presque plus envoyé
sur les bancs de la Chambre. Elle a appris à ses
dépens que tous les fonctionnaires ne sont pas des
Dupont de l'Eure , et que pour un *Dupont* qui
se glorifie de conserver l'honneur , il en est vingt
autres qui préfèrent se résigner à conserver leurs
places.

Loi du 29 juin 1820.

ARTICLE 9.

Les députés décédés ou dé-
missionnaires seront remplacés
chacun par le collége qui l'aura
nommé.

En cas de décès ou démis-
sion d'aucun des membres actuels de la Chambre, avant que le
département auquel il appartient
soit en tour de renouveler sa
députation, il sera remplacé par
un des *colléges d'arrondissement* de ce département.

La Chambre déterminera par
la voie du sort l'ordre dans lequel
les colléges électoraux d'arrondissement procéderont aux rempla-
cemens éventuels, jusqu'au pre-

Loi du 5 février 1817.

ARTICLE 18.

Lorsque , pendant la durée ou
dans l'intervalle des sessions des
Chambres, la députation d'un département devient incomplète ,
elle est complétée par le collége
électoral du département auquel elle appartient.

ARTICLE 19.

Les députés à la Chambre ne
reçoivent ni traitemens ni in-
demnités.

mier renouvellement intégral de
chaque députation.

ARTICLE 10.

En cas de vacance par option,
décès, démission ou autrement,
les colléges électoraux seront
convoqués dans le délai de *deux
mois* pour procéder à une nouvelle élection.

La loi du 5 février n'avait, non plus que pour la
publication des listes des électeurs, fixé aucun délai pour la convocation du collége électoral qui devait procéder à la nomination du député décédé ou
démissionnaire, ou qui, nommé par deux départemens, aurait fait un choix. La nouvelle loi a étendu
ce délai à deux mois. C'est encore un avantage par-
tiel dont il faut lui savoir gré. Ces améliorations sont
en trop petit nombre pour qu'on puisse les passer
sous silence sans injustice.

Cet article démontre encore à MM. les électeurs
l'importance qu'il y a pour eux à se faire inscrire
sur les listes. Car, en cas de démission, vacance ou
décès d'un de leurs députés, le collége électoral qui
devrait le remplacer, serait convoqué dans le délai
de deux mois, et cet intervalle de temps serait trop
court pour la formation de nouvelles listes.

Loi du 29 juin 1820.

ARTICLE 11.

Les dispositions des lois des
5 février 1817 et 25 mars 1818,

(Loi du 29 juin.)
(23) auxquelles il n'est pas dé-
rogé par la présente , continue-
ront d'ètre exécutées , *et se-*
ront communes aux colléges élé-
ctoraux de département et d'ar-
rondissement.

Le soin que nous avons pris de mettre en regard
de la loi actuelle toutes celles des dispositions de
la loi du 5 février auxquelles il n'a point été dé-
rogé, nous dispense de les rappeler ici ; et la tâche
que nous nous sommes imposée, s'en trouvera d'autant abrégée.

Arrivés à ce point, nous croyons avoir , autant
qu'il était en nous , donné à connaître à nos concitoyens électeurs l'esprit qui a présidé à la formation de la loi , et les principales difficultés de détail auxquelles elle pourra donner lieu. Loin de
nous la présomption de croire que nous en ayons
épuisé la série , dans la rapide esquisse que nous
avons tracée. Il serait à souhaiter sans doute qu'il
ne s'en présentât pas davantage ; mais ce serait malheureusement là un rêve ou une chimère. Si les

---

(23) *(Loi du 25 mars* 1818. *)* — Article 1.er Nul ne pourra
être membre de la Chambre des Députés , si , au jour de son
élection , il n'est âgé de 40 ans accomplis , et ne paie mille
francs de contributions directes , sauf le cas prévu par l'article
39 de la Charte.

Article 2. Le député élu par plusieurs départemens sera tenu
de déclarer son option à la Chambre , dans le mois de l'ouverture de la première session qui suivra la double élection ; et ,
à défaut d'option dans ce délai , il sera décidé par la voie du
sort à quel département ce député appartiendra.

lois civiles les moins imparfaites rencontrent presque toujours dans l'application des obstacles impré-
vus, et souvent des difficultés insurmontables, à combien plus forte raison ces difficultés et ces obstacles ne
doivent-ils pas se multiplier dans l'exécution des lois
politiques, qui ont à vaincre des masses d'intérêts bien
autrement homogènes, des résistances bien autrement
opiniâtres , des préjugés ou des opinions bien autrement enracinés, tantôt une force d'inertie qui a la
désolante puissance de l'immobilité, et tantôt au contraire l'effervescence des passions, ou les impulsions
mobiles et capricieuses de populations exaltées et
bruyantes. Un grand nombre de difficultés naîtront
donc de la loi même ; ajoutez-y toutes celles qui
lui seront prêtées, tous les incidens politiques qui
seront improvisés à mesure des besoins du moment,
les menaces, les dégoûts, les boutades, les terreurs,
toutes ces petites tortures et *questions* administra-
tives dont sont ordinairement si bien garnis les ar-
senaux des préfectures. Rassemblez tous ces élémens, et demandez-vous ensuite avec quelques-uns
des défenseurs de nos libertés , si cette loi est une
loi de vérité, si cette loi est une *loi de bonne foi
et de franchise.* Les électeurs seuls peuvent en être
les commentateurs. Leur énergie, leur zèle , leur
intelligence, leur constance et leur harmonie peuvent seuls interpréter , expliquer , rectifier et re-
dresser beaucoup de dispositions captieuses. Et
jamais peut-être la France n'eut un plus pressant
besoin de leurs lumières , de leur courage et de
leur patriotisme.

Encore quelques mots.

MM. les électeurs savent sans doute que ce département a depuis peu de temps changé d'administrateur, et que M. le chevalier *Locard* a succédé à
M. le baron *de la Rochette*. Or, comme les préfets,
ainsi que les jours de l'année, peuvent se succéder
et ne se ressembler pas ; comme, d'un autre côté,
les élections sont peut-être de tous les exercices des
droits politiques, celui qui met les administrés dans
le contact le plus animé et le plus immédiat avec
les administrateurs, il ne leur sera pas sans doute
indifférent de connaître l'esprit dans lequel leur
nouveau magistrat se propose de les gouverner, et
d'avoir une idée de la *religion politique* qu'il pro-
fesse. Quand on a l'intention de faire partie de la
communion des fidelles, encore faut-il connaître
de quelle religion est le chef. Loin de nous la té-
mérité de vouloir, par anticipation, leur tracer le
portrait d'un fonctionnaire que nous n'avons pas
l'honneur de connaître. C'est, dit-on vulgairement,
à l'œuvre que l'on connaît l'ouvrier. Aussi pré-
férons-nous de beaucoup laisser parler ses actes :
sa propre modestie sera par là ménagée, et c'est
encore là, ce nous semble, la manière la plus dé-
licate de faire son éloge.

Nous aurons même la bonne foi ou la franchise
de convenir qu'il serait possible que quelques-uns
des reproches et que certaines critiques par nous
adressés à M. le Préfet de la Vienne dans le cours
de cet écrit, ne fussent fondés que sur des instructions ministérielles ou des ordres administra-
tifs, étrangers à ses intentions ou à sa volonté par-

ticulière. Mais cette considération ne serait pas pour
nous cependant un motif de rétractation. Car M.
le Préfet ne doit pas ignorer que, quand on partage
les torts des autres, même de ses supérieurs, on
doit au moins, aux yeux du public, partager leur
responsabilité : jusqu'à présent, que nous sachions
du moins, personne n'a été contraint de remplir
les fonctions de préfet. L'hommage dû à la vérité
exige pourtant aussi que l'on ajoute qu'il serait possible de trouver que, dans d'autres départemens, des
préfets auraient plus fait pour la franche et loyale
exécution de la loi, qu'il n'a été fait dans le département de la Vienne.

Poitiers, le 25 août 1820.

POST-SCRIPTUM.

Pendant l'impression de cet ouvrage, a paru une
ordonnance du Roi, en date du 4 septembre, et
une circulaire du ministre de l'intérieur, en date
du 5. L'autorité supérieure a statué par cette ordonnance que les listes électorales ne seraient affichées que le 20 septembre, et ne seraient closes que
cinq jours avant la convocation des colléges ; qu'en
outre, après la publication des listes, les préfets
seraient tenus de faire connaître tous les dix jours
les retranchemens ou additions qui deviendraient
nécessaires sur les listes affichées, et que ce relevé,
résultat de délibérations et décisions prises en conseil de préfecture, tiendrait lieu de *listes supplé-*
mentaires. La circulaire ordonne également les *in-*
scriptions d'office, dont nous avions mis en doute
l'exécution dans le cours de cet écrit, et recom-

6

mande à MM. les préfets *de ne point mettre une inutile exigence dans les demandes de pièces, à toujours présumer la bonne foi, et à environner de toutes les facilités possibles l'exercice du premier de nos droits politiques.* On voit par là que le Gouvernement a, *ostensiblement* du moins, donné tort à quelques-unes de nos suppositions, en résolvant nos doutes dans un sens favorable à la liberté et aux droits ainsi qu'aux intérêts de MM. les électeurs. Nous nous fesons un devoir de le reconnaître, en engageant ardemment les électeurs à en profiter. Mais, quant aux autres observations auxquelles les intentions de la circulaire et les dispositions de l'ordonnance ne dérogent pas, nos observations subsistent. L'impartialité exige que justice soit rendue à qui elle appartient; mais l'impartialité n'exige point que la justice dégénère en éloges ou en panégyriques.

Poitiers, ce 12 septembre 1820.

~~~~~~

Circulaire à MM. les Sous-préfets et Maires du département.

Poitiers, le 4 août 1820.

MESSIEURS,

Sa Majesté, par une ordonnance du 19 juillet, a daigné me nommer Préfet du département de la Vienne.

J'ai l'honneur de vous annoncer mon arrivée à Poitiers, et mon entrée en fonctions.

Dès ce moment, Messieurs, le bien du service du Roi et l'intérêt du département veulent que des rapports fréquens, et toujours marqués au coin de la franchise et de la vérité, s'établissent entre nous : j'en dois l'exemple, et je le donnerai.

Le Roi et son gouvernement m'ont accordé leur confiance : à ce double titre vous me devez la vôtre. Je suis sûr d'obtenir votre estime ; quant à votre affection et à celle de la population, je m'appliquerai avec d'autant plus de constance et de soins à la mériter, que sans elle je ne pourrais être heureux.

D'ailleurs une longue expérience m'a appris que l'affection publique est à la fois le plus honorable et le plus utile auxiliaire de l'administration, pour la réussite de nombre de projets qu'elle s'efforcerait en vain d'effectuer si elle était déshéritée de ce bien.

Avec lui, et lorsque les administrateurs, dans tous les degrés divers de l'ordre hiérarchique, sont unis entre eux par les liens de l'estime et de la confiance, leur force est immense, et l'action de l'administration toujours prompte et salutaire. Il est alors, dans le cercle si étendu de nos attributions respectives, peu de choses utiles que nous ne puissions opérer : il n'est pas de mal politique qu'on ne puisse prévenir, point de tentatives contraires à l'ordre public, qu'il ne soit facile de comprimer à l'instant.

Ne négligeons donc rien, Messieurs, pour mériter, pour obtenir l'affection : nous le devons, non-seulement parce que c'est le moyen d'accroître nos chances de succès comme administrateurs, mais encore parce que c'est un devoir sous les Bourbons. L'ame et le cœur du Roi et de son auguste Famille se sont assez révélés à tous les Français, pour que tous sachent bien que celui-là qui, dans l'ordre administratif, ne sait que faire obéir, ne sert pas encore assez bien le Roi de France.

J'ai besoin, Messieurs, de vous dire, dans cette première communication avec vous, ce que je pense et ce que je me propose.

Vous me trouverez toujours exact et appliqué à seconder l'action de votre administration dans tout ce que vous entreprendrez pour l'avantage de vos communes, ou les droits individuels de vos administrés. Jamais je ne perdrai de vue que la célérité et la facilité doivent toujours caractériser la justice administrative.

Je crois qu'il n'est aucun de mes nouveaux collaborateurs qui ne soit tout dévoué au Roi, à sa Famille, à la légitimité ; je crois qu'ils sont tous attachés aux nouvelles institutions que nous tenons de la haute sagesse de Sa Majesté, et à la Charte constitutionnelle ; qu'ils professent hautement cette *religion politique,* la seule digne de l'hommage et des respects de tout bon Français ; (1) je crois enfin qu'aucun de vous, Messieurs, n'a souffert, ou du moins ne souffrirait désormais, dans l'étendue de son arrondissement ou de sa commune, rien, absolument rien qui « puisse porter atteindre à la » Majesté royale, à l'obéissance à la Charte, à la » soumission aux lois et à l'autorité constitutionnelle

---

(1) . . . . *Servetur ad imum*
Qualis ab incœpto processerit, et sibi constet.

» des Chambres et du Gouvernement, à la religion,
» à la morale et à la décence publique. »

Quel que soit le rang ou la place qu'ils occupent,
ceux-là seuls sont dignes de la confiance du Gouvernement, ou peuvent se promettre de la conserver ou
de l'obtenir, qui, par leurs actions, leurs discours,
et même leurs relations les plus habituelles, se mon-
trent tels que je viens de le dire, tels que j'ai trouvé
ceux d'entre vous que j'ai déjà eu l'heureuse occasion de voir, et que j'ai l'espoir de trouver tous
les autres.

Je vous prie, Messieurs, de vouloir bien com-
muniquer cette lettre aux personnes que, dans vos
arrondissemens ou communes, leurs fonctions ou
emplois rattachent à l'administration : elles y ver-
ront que je compte bien trouver en elles cet esprit
véritablement national, ces sentimens nobles et généreux d'amour et de fidélité envers le Prince, et
d'attachement aux libertés publiques, dont la pro-
pagation peut seule garantir la durée de nos institutions.

N'oublions jamais, Messieurs, que si la tiédeur
n'est pas de la modération., l'emportement ne mé-
rite pas non plus d'être confondu avec le zèle.

Je suis venu au milieu de vous sans préventions
fâcheuses, et mes premières, déjà nombreuses et
importantes relations, m'ont démontré que le départ-
tement dont le Roi a daigné confier l'administration à mes soins, est bien riche en hommes sages,
éclairés, dévoués; en bons citoyens, en *fidelles roya-*
listes. Il est impossible sans doute qu'il n'existe pas
diverses nuances dans les opinions sur les matières
politiques; mais, quand les divergences d'opinions

6*

sont le résultat d'une conviction consciencieuse, quand leur manifestation n'a rien d'irrespectueux envers la Majesté royale, *d'attentatoire à la légitimité*, d'hostile contre l'ordre public, il faut attendre l'unanimité, du temps, de la sagesse du Gouvernement, et de cette réflexion qui ne peut que triompher d'un excès d'ardeur dans des hommes d'ailleurs estimables. La liberté est un bien que nous tenons du Roi , un bien que la France a vainement cherché, tant que Sa Majesté et son auguste famille ont été loin de nous.

Je ne vois donc et je ne veux voir, dans tous les habitans du département de la Vienne, que des bons Français , que des sujets fidelles au dogme de la légitimité. C'est dans cette pensée , et avec les dispositions qu'elle inspire, que j'accueillerai tous ceux que les affaires publiques, des intérêts privés , ou seulement des sentimens de bienveillance amèneront près de moi. Si je dois changer d'opinion et alors de conduite à l'égard de quelqu'un , ce sera sa faute , et non la mienne , puisque je ne recherche dans le passé que ce qu'il peut y avoir de bien et d'honorable.(2)

---

(2) On nous a assuré qu'un maire de la nomination de M. du Hamel, de religieuse mémoire, et *injustement* destitué par M. le baron de la Rochette, parce qu'il n'était pas *domicilié* dans la commune qu'il devait administrer, vient d'être réinstallé dans ses fonctions : c'est une *injustice* réparée.

Nous pouvons attester en outre, et prouver au besoin, que M. le Préfet a dernièrement destitué un employé de ses bureaux, nommé par son prédécesseur : c'est une *justice* ordonnée. La lettre qui suit en développe les motifs.

« MONSIEUR ,

» J'ai le regret de devoir vous annoncer que vous n'êtes pas

J'ai l'honneur d'être avec une considération distin-
guée, Messieurs, votre très-humble et très-obéissant
serviteur ,

Le Chevalier LOCARD.

---

compris dans l'organisation définitive de mes bureaux.

» Français et serviteur du Roi , je ne dois accorder ma confiance qu'à ceux qui sont en *communion de religion politique*
avec moi , ou du moins n'user de ménagemems qu'envers ceux qui
tiennent une conduite assez mesurée pour qu'il me soit permis
d'espérer qu'ils seront un jour ramenés à cette *religion politique*,
par la générosité, les malheurs , les vertus, les bienfaits et l'inef-
fable bonté de l'auguste Famille royale.

» *Signé* Le Ch.er Locard. »

. . . . *Servetur ad imum*
Qualis ab incœpto processerit , et sibi constet.

Voici la réponse que l'employé destitué a faite à la lettre
de M. le Préfet :

« Monsieur le Préfet ,

» Depuis qu'on ne s'entend plus ni sur les mots ni sur les
choses, il est devenu difficile d'exprimer ses pensées et ses sentimens de manière à les faire comprendre. Cependant je ne
puis me décider à sortir des bureaux de la préfecture, *par
une destitution* , sans essayer de me faire connaître du magistrat qui m'a condamné sans m'avoir entendu. Non que je
veuille me plaindre de l'injustice dont je suis frappé, ni même
exercer la moindre récrimination contre ceux qui l'ont provo-
quée : les petites passions qui gouvernent certains hommes n'ont
point d'empire sur moi. Je ne me propose qu'une chose ; c'est
de vous donner une idée assez exacte de mon ame et de mon
caractère, pour que vous puissiez vous dire quelquefois dans
une intime conviction : « Un homme plein de franchise et de
» loyauté vivait paisiblement près de moi ; il déplut à des mé-

AVIS AUX ELECTEURS.

D'après les dispositions de la loi du 29 juin dernier
et les instructions ministérielles, il doit être formé

» chans qui auraient pu devenir mes ennemis, et, sans exa-
» men, sans pitié, je lui arrachai le pain dont il nourrissait
» ses nombreux enfans. »

» Doué d'une grande sensibilité, mon caractère et mes opinions doivent en subir toutes les conséquences. De là l'exaltation qu'on me reproche, et qui est le motif ou plutôt le prétexte de ma destitution. Mais, si mon éducation, si l'étude de
la philosophie, si les exemples de parens vertueux ont déter-
miné la direction de cette sensibilité, mon exaltation peut-elle
être autre chose que l'expression des plus nobles sentimens, des
affections les plus tendres, des principes les plus généreux ?
En effet, j'ai toujours été enthousiaste du grand, du beau et
du bon, comme j'ai toujours professé un souverain mépris pour
les préjugés et toutes les autres difformités du cœur et de l'esprit humain.

» On dit que ma destitution a été sollicitée par un grand
nombre de personnes. C'est peut-être ce qui m'afflige le plus.
Mais comment se fait-il que j'aie tant d'ennemis, quand je ne
suis l'ennemi de qui que ce soit ; quand, parmi ces *honnêtes gens*
qui me poursuivent avec une persévérance qui tient du délire,
il en est que j'ai servis avec ardeur, et qui même sont con-
vaincus qu'il ne me manque que l'occasion d'en agir encore
de la même manière, malgré les preuves qu'ils me donnent,
depuis si long-temps, d'une haine qui n'est que ridicule à force
d'être furieuse ?

» Oui, je suis l'ami des hommes ; j'en ai donné mille té-
moignages dans ma vie, et je défie qu'une seule voix s'élève
pour me reprocher d'avoir fait répandre une larme. Ai-je pro-
voqué la révolte, la désobéissance aux lois ? Non ; mais j'ai
gémi publiquement sur les malheurs des temps ; j'ai manifesté
à qui a voulu l'entendre, mon désir ardent de voir la fusion des

une liste des électeurs du collége de département, et des listes des colléges d'arrondissemens.

Pour y être porté, il faut avoir son domicile politique dans le département, être âgé de 30 ans, et payer 300 fr. de contributions directes.

---

sentimens qui divisent la France en un seul, l'amour de la Patrie. Ai-je jamais sollicité la place d'autrui, intrigué, dénoncé pour l'obtenir ? Non : j'ai été dénoncé moi-même à toutes les époques fatales à la France ; car mon rôle fut toujours d'être victime.

» Quoi ! j'aurais mérité de mourir de faim, parce que je me suis élevé quelquefois avec chaleur contre les mauvaises doctrines ou les hérésies politiques de quelques individus ? Oui, disent les uns, parce que c'est un crime de ne pas penser comme nous. Non, disent les autres, parce que ce n'est qu'une indiscrétion. Ils déraisonnent tous. Mais il y a cette différence entre eux, que ceux-là sont des fanatiques sans entrailles qui déshonorent l'humanité ; et que ceux-ci ne sont que des enfans qui argumentent. J'ai toujours pensé qu'il n'est qu'une manière d'être honnête homme : c'est de dire et défendre la vérité constamment et dans toutes les situations ; c'est d'attaquer l'erreur et la dissiper par-tout où elle se trouve, mais avec modération, mais avec ces égards et cette philantropie qui, j'ose le dire, caractérisent toutes mes relations sociales. Voilà, selon moi, les seuls principes sur lesquels la morale puisse s'appuyer. Si on le nie, plus d'espérance pour les hommes ; les faux dieux seront toujours les maîtres du monde, et Socrate était un fou digne de la ciguë.

» Que vous dirai-je enfin, Monsieur le Préfet ? Si les qualités personnelles pouvaient me rendre recommandable dans ces temps de vertige et de désolation, je vous dirais que, pendant vingt-cinq ans que j'ai servi mon pays dans les camps et dans les bureaux, je méritai toujours l'estime de mes chefs et de mes subordonnés ; je vous dirais que, né sans fortune, je fus pourtant assez heureux pour être accueilli dans l'une des familles les plus distinguées de France. Mes enfans sont les petits-neveux du dernier de nos

Ces contributions, aux termes de l'art. 4 de ladite loi, ne sont comptées, pour être électeur ou éligible, que lorsque la propriété foncière aura été possédée, la location faite, la patente prise, et l'industrie sujette à patente exercée une année avant l'époque de la con-

---

plus illustres marins, M. Barin de la Galissonnière, et conséquemment très-proches parens du lieutenant général de ce nom, en activité de service aujourd'hui ; de M. de Montbel, chambellan de S. A. R. Monsieur ; de M. de Saint-Luc, récemment préfet des Côtes-du-Nord, si même il ne l'est encore, etc., etc. Hé bien ! ces enfans, qui devaient prétendre un jour à la protection de tels parens, et auxquels je destinais une éducation digne de leurs espérances, désormais relégués au fond d'une campagne, sans ressources et sans appui, puisque mes faibles talens ne peuvent plus leur être utiles, seront la proie de la misère, de laquelle j'ai vainement voulu les garantir. M. votre prédécesseur avait eu la bonté de me promettre qu'il solliciterait des bourses au Lycée en faveur de mes deux garçons ; mon emploi m'aurait aidé à élever mes deux demoiselles d'une manière convenable. Mais tout s'est évanoui comme un songe ; et bientôt il ne me restera plus de la bienveillance de mon protecteur, que ce souvenir qui, en remplissant l'ame d'un sentiment profond de reconnaissance, doit rendre mes regrets plus amers et ma situation plus accablante.

» Je ne terminerai point sans vous déclarer, Monsieur le Préfet, qu'on a trompé votre religion à mon égard, et que, pour mieux y parvenir, on a empoisonné mes discours de tout le venin de l'esprit de parti. Vous savez, sans doute, mieux que personne, que rien n'est plus facile que de donner aux expressions les plus innocentes et les mieux intentionnées, un sens dangereux et coupable. Mais je m'engage, au besoin, à confondre l'imposture et à faire partager à toute personne éclairée, à vous-même, l'esprit de tout ce que j'ai pu dire depuis que les gens qui assiègent votre porte, prétendent qu'eux seuls et leurs amis ont le droit de parler et d'occuper les emplois. Je ne désespère pas de vous voir revenir sur une décision qui trouvera certainement parmi vos administrés

vocation du collége. Ceux qui ont des droits acquis avant la publication de ladite loi (la publication légale ayant eu lieu le 3 juillet), et le possesseur à titre successif, sont seuls exceptés de cette condition.

Tous les citoyens qui ont droit à être portés sur ces listes, doivent s'empresser de faire parvenir, à la Préfecture, les extraits des rôles et les autres pièces justificatives de leur droit. Ces extraits (copie littérale de l'article ou des articles du rôle), délivrés par les percepteurs, seront certifiés par le maire de la commune où sera la propriété, où aura lieu la location, où s'exercera l'industrie : il certifiera en même temps que la possession de la propriété, que la location, que le paiement de la patente et l'exercice de l'industrie datent du délai exigé par l'art. 4 de la loi du 29 juin, et qu'il n'y a pas eu d'interruption.

Ces extraits des rôles délivrés dans un département autre que celui de la Vienne, ne seront admis qu'autant qu'ils seront visés par le Préfet dudit département, et qu'on y aura joint un certificat du directeur des contributions du même département, également visé du Préfet, constatant que les cotisations portées auxdits extraits comprennent ou non des impositions locales : s'ils en comprennent, la quotité y sera indiquée.

Les percepteurs du département de la Vienne peuvent se dispenser d'indiquer, dans les extraits qu'ils délivreront, la quotité des impositions locales qui se

plus d'improbateurs que d'approbateurs. J'en ai un sûr garant dans la franchise avec laquelle je vous parle. Un tel langage ne frappe pas souvent l'oreille des grands; ils sont d'autant plus capables de l'apprécier.

» Je suis, etc. *Signé* LACEIER. »

trouveront comprises dans ces cotisations, attendu que le Préfet trouvera, à la direction des contributions, les renseignemens dont il aura besoin à cet égard.

Les contributions foncières payées par une veuve seront comptées à celui de ses fils; à défaut de fils, à celui de ses petits-fils, et, à défaut de petits-fils, à à celui de ses gendres qu'elle désignera : cette désignation sera faite par *acte notarié*. On devra y joindre un certificat du maire, attestant qu'elle n'a point de fils, si la transmission est faite au petit-fils, et qu'elle n'a point de fils ni de petits-fils, si la transmission est faite au gendre.

Les citoyens qui réclameront leur inscription sur les listes, produiront, outre les extraits des rôles et autres pièces, leur acte de naissance : mais sont dispensés de produire leur acte de naissance, ceux qui ont déjà figuré sur la liste formée en 1819, ainsi que ceux qui remplissent des fonctions qu'on ne peut exercer avant 30 ans.

Les nouvelles listes seront prêtes à être imprimées et publiées le 15 septembre prochain. Cette publication aura lieu pendant un mois avant l'ouverture des colléges, et, passé ce délai, aucunes pièces ni réclamations ne seront admises. Il importe donc que tous les citoyens qui doivent être portés sur ces listes s'empressent de faire parvenir directement à la Préfecture, pour l'arrondissement de Poitiers, et par l'intermédiaire des sous-préfets pour les autres arrondissemens, d'ici le 10 septembre, les pièces justificatives de leur droit et de la *totalité* de leurs contributions.

A POITIERS, imp. de Catineau. (Sept. 1820.)

www.ingramcontent.com/pod-product-compliance
Lightning Source LLC
Chambersburg PA
CBHW050558210326
41521CB00008B/1025